Makramee

Makramee

Mary Walker Phillips
Eine vollständige
Einführung
in die Knottechnik

Hörnemann

Entwurf: William and Shirley Sayles
Deutsche Bearbeitung: Rolf Bünermann
und Hermann Carduck
Originaltitel: Macramé
Originalverlag: Western Publishing Company Inc., Racine, Wisconsin
Deutsch von Thekla Sielaff

2. Auflage 1977
© 1970 by Western Publishing Company Inc., Racine, Wisconsin
Alle deutschen Rechte beim Hörnemann Verlag, Bonn-Röttgen 1974
Gesamtherstellung Mohndruck Reinhard Mohn OHG, Gütersloh
Printed in Germany
Buchnummer 239/03006
ISBN 3-87384-306-4

Inhalt

Vorwort

Man kann sagen, daß wir in einer Welt leben, die sich vor allem mit der Erforschung der Technik beschäftigt – in einer Welt also, die nicht sonderlich romantisch oder introvertiert ist.

Im gegenwärtigen Jahrzehnt haben Weber in zunehmendem Maß die Möglichkeiten erforscht, Stoffe ohne die Hilfe eines Webstuhls herzustellen. Ausstellungen zeitgenössischer Textilien schließen nichtgewebte Stoffe und Formen verschiedener Techniken ein. Zusätzlich sind viele der Stoffe, die für Bekleidung und Möbelbezüge verwendet werden, nicht gewebt, und die Designer sagen voraus, daß in Zukunft die Verwendung solcher Stoffe noch zunehmen wird.

Die Tatsache, daß Mary Walker Phillips ihre berufliche Laufbahn als Weberin und Stoff-Designer begann und jetzt die bekannteste amerikanische kreative Knüpferin ist, macht sie zu einer führenden Kraft in der gegenwärtigen Bewegung, nichtgewebte Strukturen zu erforschen. Ihr Interesse an Makramee beruht zum einen auf ihrem Verständnis und ihrem Gefühl für Fasern und Garne und zum anderen auf ihrer Forscher- und Entdeckerfreude.

Das Interesse an Knoten reicht von den kunstvollen Verschlingungen Leonardo da Vincis, die komplizierten Renaissance-Theorien entspringen, bis zu den phantasievollen Quasten und Verzierungen der viktorianischen Ära. Viele Kulturen, alte und neuzeitliche, benutzten und benutzen Knüpfen als ein Mittel zur Herstellung von Stoffen und Verzierungen. Das umfaßt rituelle Masken afrikanischer Stämme ebenso wie die Fransen an mexikanischen Umschlagtüchern. Das vielleicht wichtigste Erbe jedoch stammt von den Seeleuten. Matrosen, die sich ihr Leben lang mit dem Verknoten und Befestigen von Tauen, Seilen und Schnüren beschäftigt haben, gaben zahllosen Knoten ihre Namen. Sie haben endlose Stunden damit verbracht, Knoten zu knüpfen, einerseits, weil es ein Teil ihres Berufes ist, andererseits aber auch zu ihrem bloßen Vergnügen. Wenige wissen von den phantasievollen, schöpferischen Formen, die gerade von Seeleuten in ihrer Freizeit geknüpft worden sind.

Mary Walker Phillips ist fasziniert von der Beziehung des unkomplizierten Vorgangs, einen Knoten zu knüpfen, von der klaren, direkten Form des Knotens selbst. Im Verlauf des Knüpfens knotet sie, knotet noch einmal und erreicht dadurch eine unendliche Vielzahl von Strukturen und Formen. Allerdings, nicht immer zufrieden mit bloßer Form, fügt sie noch Zweckmäßigkeit hinzu und besteht auf einem hohen Niveau von Kunstfertigkeit. Dieses Buch wurde geschrieben, um klar und deutlich dargestellte Makramee-Entwürfe vorzustellen – Entwürfe, welche die Möglichkeiten der Technik und der Vielfalt funktioneller und nichtfunktioneller Formen, die geschaffen werden können, demonstrieren. Die Betonung liegt auf dem Zusammenspiel von Auge und Hand und letztlich auf der Individualität des Kunsthandwerkers und den einzigartigen Eigenheiten seiner Arbeit.

Milton Sonday
Cooper-Hewitt Museum of Design
Smithsonian Institution

Einleitung

»*Sylvia's Book of Macramé Lace*«, in den 1880er Jahren in England veröffentlicht, behauptet, daß »Goethe, der in gewisser Weise Musik über jede andere Kunst stellte, dieses deswegen tat, weil die Musik ihre wunderbaren Wirkungen mit so wenigen Hilfsmitteln und Werkzeugen erzielt; und wenn man diesen Maßstab bei unserer vorliegenden Arbeit anwendet, ist sie sehr hoch einzustufen . . ., denn nicht einmal ein Fingerhut und eine Nadel sind nötig, um die reizvolle Wirkung unserer Makramee-Arbeit zu erzielen«.

Makramee kann ausgeübt werden, wo immer Sie gerade sind, denn dazu brauchen Sie nicht mehr Platz als Ihren Schoß. Die Knoten selbst sind ganz einfach und können leicht mit Hilfe der in diesem Buch dargestellten Zeichnungen erlernt werden.

Wandbehang »Variation 5«, ca. 18 cm × 44 cm, gearbeitet in drei Farben – in schwarzer und weißer Teppichwolle und braunem Leinengarn

Knoten

Nur zwei Grundknoten werden benötigt – der Halbknoten und der Halbschlag –, aber es sind die unendlichen Variationen dieser beiden Knoten, die Makramee so reizvoll und interessant machen. Das Wunder dieses Kunsthandwerks ist, daß etwas so Einfaches wie diese beiden Knoten solch eine Vielzahl von schönen Dingen hervorbringen kann und daß es außerdem noch so viel Spaß macht, sie zu knüpfen. Es ist nicht überraschend, daß es nicht nur denen, die sich Makramee schon lange verschrieben haben, sondern auch den Anfängern so schwer fällt, ihre Knüpfbretter zu verlassen. Makramee ist definiert worden als Verschlingung von Garnen. Es ist jedoch weit mehr als das, wenn man die Befriedigung in Betracht zieht, die Sie bei dem wirklich schöpferischen Vorgang empfinden werden. Die Arbeit ist einfacher als es scheint; nichts weiter als die Kenntnis von Knoten ist notwendig, um Knüpfmuster herzustellen, die sehr schwierig aussehen.

Dieses Kunsthandwerk erlebt zur Zeit eine von Begeisterung getragene Renaissance. Viele von uns, die wir zuvor in anderen Kunsthandwerken tätig waren, benutzen jetzt dieses besondere Medium als unterschiedliche Ausdrucksmöglichkeit – um Kunstwerke zu schaffen wie jenen Wandbehang, der hier abgebildet ist, und um praktische Gegenstände für das Heim zu machen wie andere in diesem Buch gezeigte Arbeiten. Makramee eignet sich für alle, für jung und alt, Männer und Frauen – für jeden, der sich von der Schönheit, die durch simple Knoten entsteht, angezogen fühlt.

Ein Makramee-Wandbehang bildet eine extravagante Dekoration in einer sonst toten Ecke

Kurzer geschichtlicher Rückblick

Wie viele andere Fertigkeiten, war Makramee eine Zeitlang unbeliebt und wurde dadurch fast zu einer vergessenen Kunst. Als Makramee gegen Ende der viktorianischen Ära wiederentdeckt wurde, begeisterte man sich so sehr für diese »neue« Kunst, daß eine zeitgenössische Autorin schrieb: »Diese Art von Kunst ist nicht gerade eine Neuheit, außer in dem Sinne, daß, wenn etwas so alt ist, daß es vergessen wurde, sein Wiederaufleben einer Neuigkeit gleichkommt.« Makramee wurde während dieser Epoche sehr viel verwendet; kunstvolle Fransen und Quasten wurden in ungeheuren Mengen angefertigt, um Vorhänge, Kaminsimse, Regale und Himmelbetten zu verzieren. Sylvia ermunterte sogar »ihre geneigten Leser . . . üppige Borten und Zierbesätze für schwarze und farbige Kleider anzufertigen, sowohl im Haus zu tragen als auch auf Gartengesellschaften, bei Wanderungen am Meer und auch auf Bällen – märchenhafte Verzierungen für den Haushalt und die Leibwäsche . . .«

Die früheste Form von Kreuzknoten-Knüpfwerk soll im 13. Jahrhundert in Arabien entstanden sein. Makramee kommt von dem arabischen Wort *Migramah*, das soviel bedeutet wie Zierfransen und Zierflechten. Nachdem die Spanier diese Kunst von den Mauren erlernt hatten, verbreiteten sie Makramee in Südeuropa, wahrscheinlich schon im 14. Jahrhundert, ganz gewiß aber bis zum 16. Jahrhundert, da Makramee auf einem Gemälde in der Kathedrale von Valladolid, Spanien, dokumentiert ist.

Ein reizvolles Beispiel von Cavandoli-Arbeit schmückt den oberen Rand dieser mit Makramee-Fransen versehenen italienischen Handtasche. Aus der Sammlung der Autorin

Makramee war um diese Zeit auch in Italien populär. In jüngerer Zeit haben in der Turiner Freiluftschule *Casa del Sole* Kinder von fünf und sechs Jahren große Fertigkeit in einer Form von Makramee erlangt, die der »*Cavandoli-Schlingstich*« genannt wird. Dieser Schlingstich, von Signora Valentina Cavandoli erfunden, um die ihr anvertrauten Kinder zu beschäftigen, wird in zwei Farben gearbeitet und ist eigentlich nur eine andere Bezeichnung für mit dem Doppelschlag hergestellte Arbeiten. Einige Cavandoli-Arbeiten werden auf den Seiten 92 und 93 gezeigt. Auch in Frankreich wurde viel Makramee produziert; es gibt genügend historische Belege, die erkennen lassen, daß Makramee im späten 14. Jahrhundert dort eine etablierte Kunstform war.

Nicht genau bekannt ist, wann »Le Macramé« von Thérèse de Dillmont geschrieben wurde, und auch nicht, wann ihre Enzyklopädie der Nadelarbeit, die ein Kapitel über Makramee enthält, erschien, aber man kann annehmen, daß es kurz nach dem Jahr 1800 war. Die in diesen Büchern angeführten Beispiele sind außergewöhnlich interessant und zeigen deutlich die ungeheuer vielfältigen Knüpfmöglichkeiten.

Nicht zu übersehen ist der Beitrag, den die Seeleute zum Makramee geleistet haben. Man weiß nicht, wann sie zuerst zu knüpfen angefangen haben, um sich die langen Stunden auf See zu vertreiben, aber bereits im 15. Jahrhundert benutzten sie geknüpfte Gegenstände als Tauschware in Indien und China. Hervorragende Arbeiten von Seeleuten sind in vielen Seefahrtsmuseen zu finden; zwei Arbeiten können z. B. im Seamen's Church Institute in New York besichtigt werden. Es handelt sich um große Bilderrahmen, aus schwerer Netzschnur geknüpft, dem traditionellen Material der Seeleute.

Makramee soll in der zweiten Hälfte des 17. Jahrhunderts von Queen Mary, der Frau Wilhelms von Oranien, die dieses Kunsthandwerk in Holland lernte, in England eingeführt worden sein. Zur Zeit George III. wurde das Knüpfen von Besätzen als Zeitvertreib große Mode; seine Frau, Königin Charlotte, knüpfte um 1780 eigenhändig Makramee-Fransen am Hof.

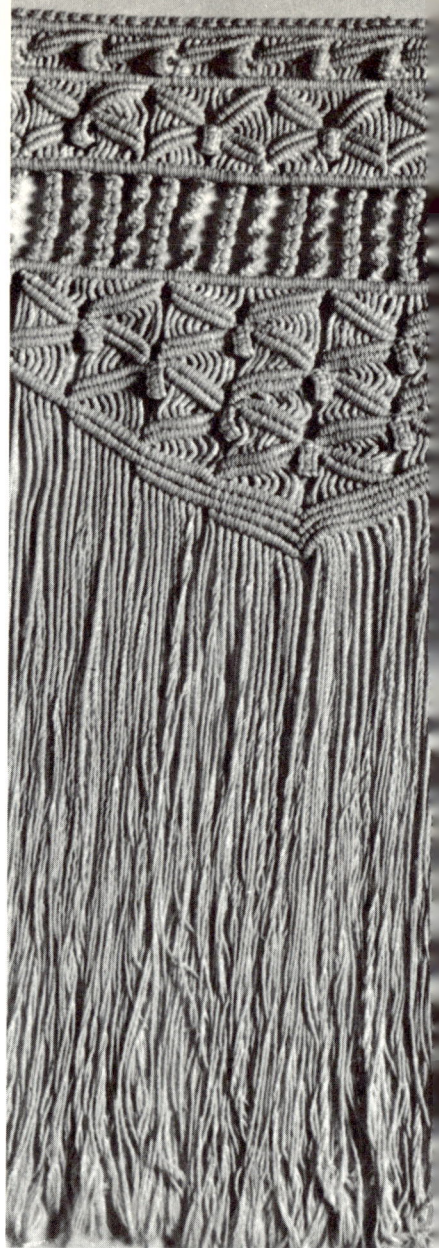

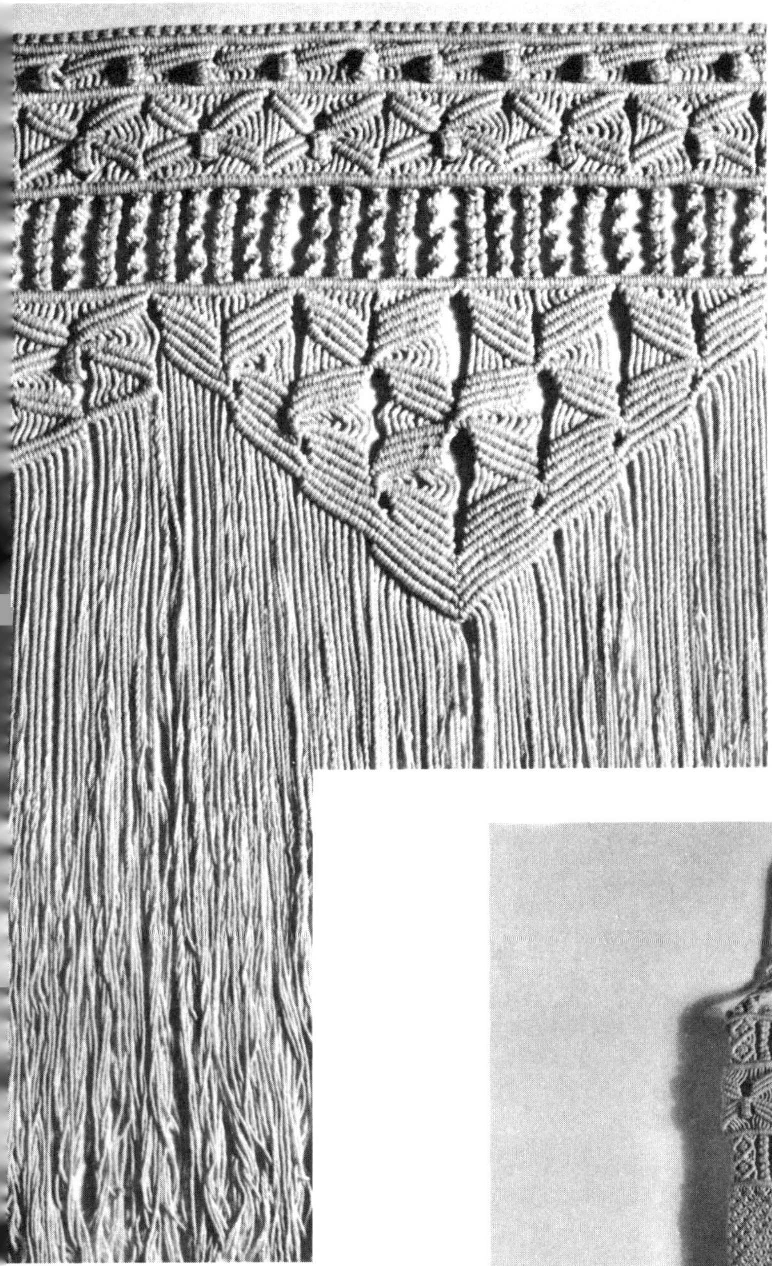

Amerikanische Makramee-Fransenborte für ein Himmelbett, ca. 45 cm lang (um die Jahrhundertwende). Aus der Sammlung des Cooper-Hewitt Museum of Design, Smithsonian Institute

Amerikanische Makramee-Handtasche aus Baumwollschnur, etwa 35 cm hoch mit Fransen (Jahrhundertwende). Aus der Sammlung Elizabeth T. Page

Entwürfe

Da es so viele Dinge gibt, die sich knüpfen lassen, sowie eine große Anzahl verschiedener Knoten, mit denen man arbeiten kann, ist es für den Anfänger vielleicht etwas schwierig, herauszufinden, womit er beginnen soll. Ich will daher eine Auswahl von Gegenständen zeigen, die von praktisch bis dekorativ reicht. Sie umfaßt siebzehn Entwürfe mit vollständigen Anleitungen und graphischen Darstellungen, wo immer es notwendig ist. In sämtlichen Fällen kann daraus ein hübsches Stück entwickelt werden, das Freude bereitet – sowohl beim Knüpfen als auch beim Benutzen.

Die Absicht dieses Buches und der Anleitungen ist, Selbstvertrauen zu geben, so daß jede Idee zu einem Sprungbrett für Ihre eigene Kreativität wird. Vielleicht möchten Sie, nachdem Sie einige Entwürfe ausgeführt haben, Ihre eigenen Ideen ausprobieren, oder vielleicht möchten Sie auch einen Entwurf variieren, indem Sie eine Knotenvariation hinzufügen. Tun Sie das nur, und um Ihnen dabei zu helfen, gebe ich Ihnen auch Auskunft über Garne, Farben, Muster und Strukturen. Diese Informationen zusammen mit den Kenntnissen, die Sie aus den erklärenden Texten und Zeichnungen der Knoten erhalten, sollten es Ihnen ermöglichen, Ihre eigenen Werkstücke zu entwerfen.

Arbeitsmethode, Makramee auf einem Knüpfbrett herzustellen, wobei das Werkstück auf Richtlinien gelegt und festgesteckt wird. Hier wird gerade eine neue Schnur mittels einer Reihe von horizontalen Doppelschlägen eingefügt

Ausschnitt aus einem Wandbehang »Variation 11«, 30 cm × 160 cm. Verwendet wurde naturfarbenes Leinengarn und braune und dunkelgrüne Teppichwolle. Aus der Sammlung W. Easton Pribble

Muster

Von jedem Knoten in allen Variationen einige Muster zu machen, zahlt sich aus. Sie werden den Knüpfvorgang so viel besser verstehen. Mit der Zeit werden Sie sogar durch bloßes Betrachten bestimmen können, auf welche Weise ein Makramee-Stück geknüpft worden ist.

Bis zur vollständigen Kenntnis der Knoten ist es empfehlenswert, daß der Anfänger Knoten in nur einer Farbe macht – natur oder weiß –, da die Knoten so besser zu sehen sind. Machen Sie so viele Knotenvariationen, wie Sie wollen. Durch Verwendung dreier verschiedener Garne kann man die Wirkung beträchtlich erhöhen. Experimentieren Sie nach Herzenslust, und wenden Sie dann das, was Sie gelernt haben, auf ein Werkstück an.

Arbeitsmaterial

Die Grundwerkzeuge für Makramee sind einfach und bestehen aus Schere, »T«-Nadeln und einem Knüpfbrett. Alle weiteren Geräte sind Zubehör oder Zierat. Sticknadeln und Häkelnadel werden gelegentlich zur Beendigung eines Werkstücks benutzt; Eßstäbchen, Holz, Perlen, Ringe und Metallösen für Kopfstücke und Verzierungen verwendet. Zwei Metallösen bilden eine Gürtelschnalle – wie dargestellt auf den Seiten 86/87.

Das Knüpfbrett

Das Knüpfbrett ist die Arbeitsunterlage. Das hier gezeigte Knüpfbrett ist aus Celotex, einem Isoliermaterial, überzogen mit braunem Packpapier. Celotex kann in verschiedenen Größen zugeschnitten werden. Als gutes Sortiment sollte man die Größen 30 cm × 60 cm; 50 cm × 90 cm und 60 cm × 120 cm vorrätig haben oder irgendeine andere Größe, die dem von Ihnen geplanten Werkstück entspricht. Statt Celotex kann man auch wattierte Pappe oder mit Papier überzogenen Kork verwenden. Wichtig ist dabei nur, daß das Brett leicht, fest und dabei doch nachgiebig genug ist und daß Nadeln ohne Schwierigkeit hineingesteckt werden können.

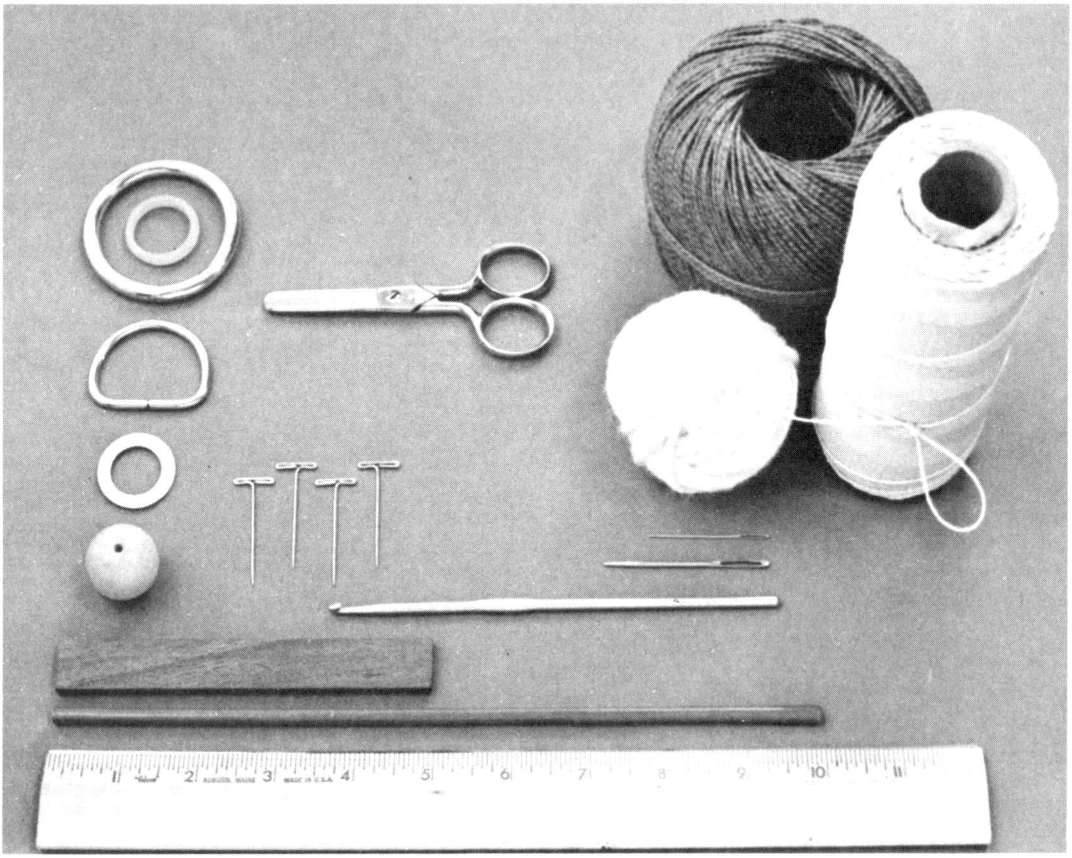

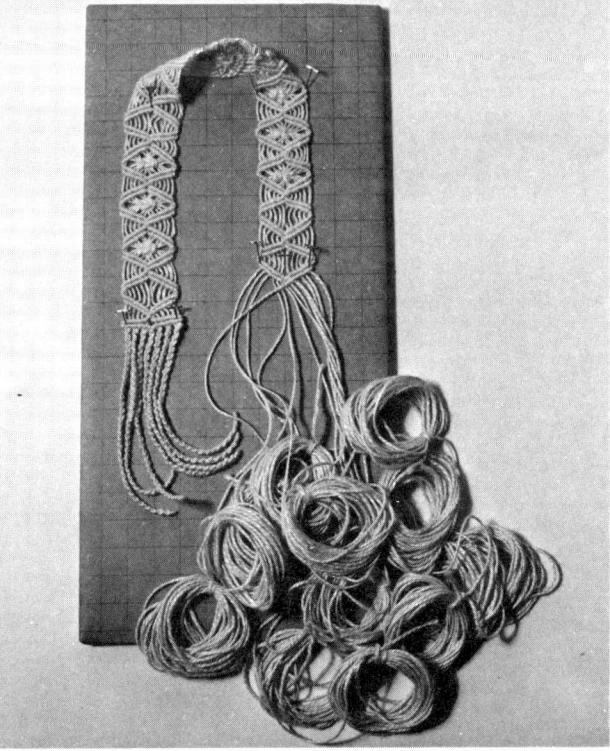

Schere
»T«-Nadeln
Garne
Sticknadeln
Häkelnadel
Holzleisten
Lineal
Perlen und Ringe
Knüpfbrett

Garne

Garne, die für Makramee verwendet werden, sollten stark genug sein, um der Spannung beim Knoten standzuhalten; sie dürfen nicht zu sehr nachgeben oder zu elastisch sein. Glattflächige Garne sind am besten, da man mit ihnen am besten arbeiten kann und sie nicht von der strukturellen Wirkung der Knoten ablenken.

Strickgarne sind nicht zu empfehlen, da sie zu elastisch sind, aber einige Strickgarne können immerhin verwendet werden, wenn man ihre Grenzen erkannt und mit ihnen Probemuster gemacht hat. Garne, wie man sie für dicke Pullover verwendet, sind im allgemeinen weniger elastisch als Strick-Kammgarne. Man sollte sie ausprobieren und eventuell für Stolen und Kissenbezüge verwenden.

Die beiden Hängevasen für Pflanzen auf den Seiten 56, 57 wurden aus Marlleine geknüpft, erhältlich in Geschäften für Seemanns-ausrüstung. Marlleine ist ein ziemlich steifes Material und daher nicht so gut geeignet für den Doppelschlagknoten. Da sie jedoch wetterbeständig ist, habe ich sie für Außengehänge verwendet, zu sehen auf den Seiten 61, 63. Jute ist ein wirksames und auch nicht teures Material; durch die Dicke des Garns erzielt man rasche Ergebnisse. Ein Wort zur Warnung jedoch: Jute ist nicht farbbeständig, daher ist es besser, nicht in Farben zu arbeiten, wenn das Werkstück über längere Zeit direkt natürlichem oder elektrischem Licht ausgesetzt sein wird.

Netzschnur, ein altes Lieblingsmaterial der Knüpfer, ist ausgezeichnet. Sie ist härter als die meisten anderen Schnüre, kann jedoch biegsamer gemacht werden, wenn man sie durch einen Textil-Weichmacher zieht. Schwere Seile, Bindfäden und Stricke, erhältlich in Haushaltswarengeschäften oder Seilereien, können ebenfalls ausprobiert werden. Wolle, Leinen und Seide lassen sich ebenfalls ausgezeichnet verarbeiten. Leinengarn hat eine vielfältige Farb- und Gewichtsskala und ist eines der besten Knüpfgarne. Es ist mein Lieblingsgarn, weil es Stärke und vielseitige Eigenschaften besitzt, wie sie nur wenige andere Garne bieten. Es läßt sich gut mit Wolle und Seide kombinieren, wie man an den in diesem Buch gezeigten Wandbehängen sehen kann.

Wegen seiner faserigen Beschaffenheit erfordert die Verwendung von Leinen jedoch einiges Geschick. Seidengarn ist nicht leicht zu erhalten, aber es lohnt die Mühe, es sich zu beschaffen. In vielen Fällen habe ich feines Leinen und Seide doppelt, dreifach und so weiter benutzt, bis ich die für das Gewicht notwendige Dicke erhielt (wie in Gazebo, Seite 120). Außerdem habe ich auch zwei verschieden dicke Leinengarne und einen Teppichwollfaden zwecks Abstufung und Struktur kombiniert – wie in dem schwarzen und weißen Teppichmuster auf Seite 95. Diese Technik verleiht einem Werkstück eine neue Dimension und ermöglicht die Benutzung von Garnen, die einzeln nicht vorteilhaft verwendet werden könnten. Taugarne guter Qualität sind für den erfahreneren Knüpfer zu empfehlen. Die Indianer von Mitla, Mexiko, die wunderschöne Makramee-Arbeiten herstellen, knüpfen sehr viel mit diesen Garnen. Zwei Muster ihrer Arbeiten werden auf den Seiten 77, 78 gezeigt. Sehr schweres Vorgespinst (ungesponnenes Garn) schafft Abstufung und ist interessant, wenn es mit anderen Garnen kombiniert wird, wie in Cascade, Seite 116.

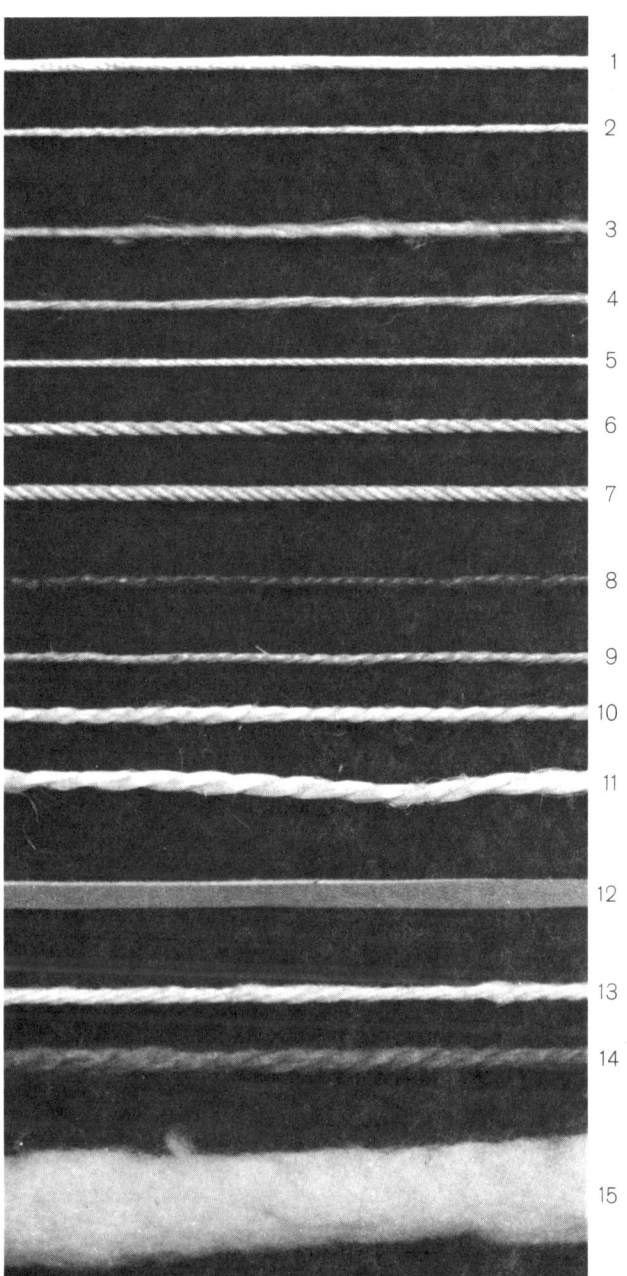

1 Rattenschwanz-
  Kunstseide
2 Seidenschnur
3 Leinen einfach
4 Leinen fünffach
5 40/12 Leinen-Tau
6 12/16 Leinen-Tau
7 Leinentau
8 Marlleine
9 Mexikanische Ixtle
10 Jute-Faden
11 Afrikanischer Sisal
12 Lederband
13 Avanti-Teppichwolle
14 Geklopfte
   Teppichwolle
15 Woll-Vorgespinst

Hängevase – siehe S. 58

Gürtel 2 – siehe S. 87

Übersicht
über die Entwürfe

Einige der Entwürfe, die in diesem Buch erscheinen, werden auf diesen Seiten gezeigt, um Ihnen Makramee-Arbeiten vorzustellen, die Sie selbst machen können. Ich habe mich bemüht, durchweg verschiedene Sachen vorzustellen, die den verschiedenen Interessen und Geschmäckern sowie der wachsenden Erfahrung entsprechen.

Zusätzlich zu den vielen Stücken, die ich für diese Entwürfe gemacht habe – die Hängetopfhalter umfassen, Kübeltasche, Platzdecke, Wandbehänge, Börse, Armbänder, Raumaufteiler, Kissenbezug und Gürtel sowie Ideen für andere Dinge –, habe ich auch einige meiner Wandbehänge präsentiert und sie genau beschrieben hinsichtlich Technik, Knoten und der verwendeten Materialien. Diese Analyse habe ich nicht gegeben, damit Sie die einzelnen Stücke kopieren, sondern damit Sie den Verlauf der Knoten in ihren Variationen und die Entstehung eines Kunstwerks durch ihre Kombination besser verstehen können.

Kissenbezug – siehe S. 73

Blauer und goldener Läufer – siehe S. 90

Kleine Teppiche und Matten, hier ebenfalls in Entwürfen aufgeführt, sind etwas relativ Neues in Makramee, und, wie ich hoffe, etwas, das auch Sie sehr reizvoll finden werden.

Diese Kombination von Entwürfen und Aufgliederung der Techniken bietet die beste Möglichkeit, Sie in Ihr Abenteuer mit Makramee einzuführen. Obgleich die dargestellten Werkstücke alle verschieden sind, haben sie doch eines gemeinsam: Sie sind alle mit den zwei Grundknoten (dem Halbschlag und dem Halbknoten) und ihren Variationen geknüpft. Während Sie Ihre Geschicklichkeit weiter entwickeln und mehr und mehr von der Wechselwirkung von Knüpfmustern und Garnstrukturen gefesselt werden, eröffnen sich Ihnen zahllose neue Ideen und Möglichkeiten zum weiteren Ausprobieren.

Wandbehang »Spirit of '76«
– siehe S. 101

Vorbereitung des Garns

Das Garn wird zum Knüpfen vorbereitet, indem die Stranglänge ausgerechnet und abgemessen wird.

Das Ausrechnen

Die Stränge sollten 3$\frac{1}{2}$- bis 4mal länger sein als das geplante Objekt, aber da die Stränge zum Knüpfen doppelt gelegt werden, mißt man sie 7- bis 8mal länger ab. Wenn das fertige Stück zum Beispiel eine Länge von einem Meter haben soll, muß jeder Strang eine Länge von 7 bis 8 Metern aufweisen. Wenn jeder Strang dann zum Knoten doppelt gelegt wird, ergibt dies zwei Stränge von je 3$\frac{1}{2}$ bis 4 Meter Länge. Messen Sie die Stränge großzügig aus und geben Sie lieber noch etwas dazu. Hier sollte man nicht zu sparsam sein: Es ist besser, noch etwas Garn übrig zu behalten, als nicht damit auszukommen und dann mitten im Muster an einer vielleicht ungünstigen Stelle ansetzen zu müssen. Falls Sie jedoch in diese Lage kommen sollten – siehe Spleißen, S. 44

Herstellung eines Musters

Schwere Garne verbrauchen beim Knüpfen mehr Länge als leichte Garne, also berücksichtigen Sie dies beim Abmessen und geben Sie noch zu. Machen Sie ein Muster, mindestens 7,5 cm $\times$ 15 cm groß, um die Länge abzuschätzen und festzustellen, wie viele Stränge für die Breite benötigt werden. Um die Anzahl zu bestimmen, binden Sie vier Stränge in einen Kreuzknoten (siehe Seiten 31–33), und messen Sie die Breite des Knotens. Wenn er beispielsweise 1 cm mißt, dann wissen Sie, daß Sie für eine Breite von 3 cm 12 Stränge benötigen. Wenn Sie wissen, was Sie machen wollen, oder wenn Sie nach Ideen suchen, knoten Sie das Garn auf verschiedene Weise, um festzustellen, wie es sich knüpft und um seine Struktur und Eignung zu prüfen. Notieren Sie sich die verwendete Menge, die Bezugsquelle und die Anzahl der Stränge sowie ihre Länge. Solche Notizen sind oft sehr wertvoll, wenn Sie später weitere Makramee-Arbeiten planen.

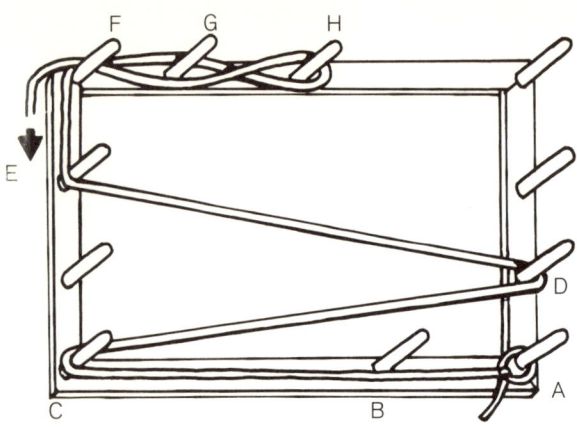

Stränge, die auf einem Warpbrett abgemessen werden. Beachten Sie die Kreuzschlinge zwischen G und H.

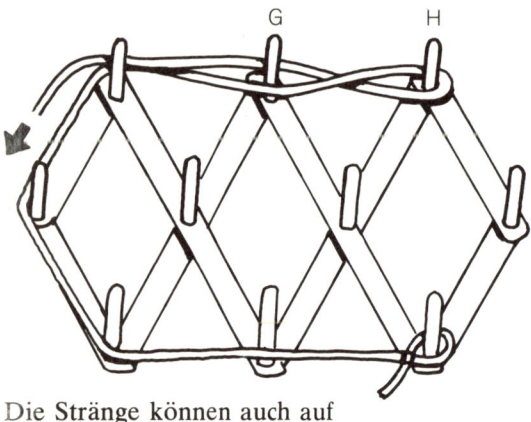

Die Stränge können auch auf einem ausziehbaren Hutständer ausgemessen werden.

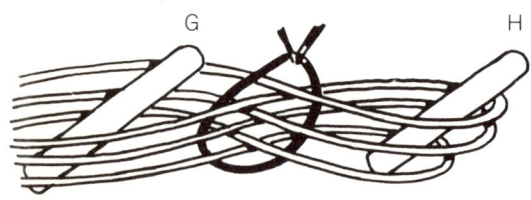

In Groß gezeigte Kreuzschlingen, gehalten von einer losen Schlaufe in kontrastierendem Garn, die die Stränge unterteilt.

Das Abmessen der Stränge

Warpbrett

Sobald Sie wissen, wie lang die Stränge sein sollen, messen Sie sie ab. Dies kann mit Hilfe eines Warpbretts (0,5 m × 1 m) erfolgen. Beginnen Sie damit, einen Strang in einer kontrastierenden Farbe in der berechneten Länge abzuschneiden. Binden Sie diese Maßschnur um Stift A und schlingen Sie sie in ihrer vollen Länge aus wie auf der Zeichnung dargestellt. Eine Kreuzschlinge zwischen den Stiften G und H hält die Stränge in Ordnung. Mit der Maßschnur als Leitfaden messen Sie nun die Stränge aus und schneiden sie am Stift A ab. Auf diese Weise können die Stränge stückweise abgenommen werden, und die Maße gehen nicht verloren. Um die Anzahl der Stränge leichter überblicken zu können, binden Sie jeweils zehn Stränge mit einer losen Schlinge in einer kontrastierenden Garnfarbe zusammen.

24

Andere Methoden

Wenn Sie kein Warpbrett haben, können Sie auch Zwingen oder Halteklammern benutzen. Befestigen Sie die Zwingen an den gegenüberliegenden Seiten eines Tisches und winden Sie das Garn von Stift zu Stift. Vergessen Sie nicht, eine Kreuzschlinge zu machen.

Es gibt noch eine andere Methode, die zwar länger dauert, aber auch funktioniert. Messen Sie das Garn an einem Zollstock ab und schneiden Sie dann die gewünschte Länge. Nehmen Sie diesen Strang dann als Maßband und schneiden Sie danach die erforderliche Anzahl von Strängen zu.

Befestigen der Stränge

Knüpfbrett

Das Brett ist mit braunem Packpapier bedeckt, das einen guten Kontrast zu den Garnen bildet. Ziehen Sie das Packpapier fest über das Brett, und kleben Sie es mit Klebestreifen auf der Rückseite fest. Dann teilen Sie die Fläche in zwei oder drei Zentimeter große Vierecke ein. Diese Richtlinien werden Ihnen helfen, die maßgerechte Länge und Breite zu knüpfen. Arbeiten Sie so am Brett, wie es für Sie am bequemsten ist – ich sitze für gewöhnlich mit dem Brett auf dem Schoß und zwar so, daß es gegen eine Tischkante lehnt. Im allgemeinen ist es am besten, die Arbeit in der Mitte des Brettes zu beginnen oder etwa 25 cm vom unteren Rand entfernt. Die fortgeschrittene Arbeit setzen Sie dann immer wieder weiter nach oben.

Die Halteschnur

Die Stränge werden auf eine Halte- oder Grundschnur (eine horizontale Länge) aufgeknotet, und zwar mit dem umgekehrten Doppelschlagknoten (siehe Zeichnung S. 26, ebenso S. 37). Sie können auch auf ein Eßstäbchen, einen Ring oder was immer Sie für Ihr geplantes Werkstück für geeignet halten, aufgeknotet werden. Sie können die Stränge auch um »T«-Nadeln schlingen.

Knüpfen Sie einen Überhandknoten an jedes Ende der Grundschnur, und stecken Sie sie auf dem Knüpfbrett fest. Die Schnur muß straff gehalten werden. Manchmal wird sie auch als Trägerschnur für Knoten benutzt (über die Schnur werden Knoten geschlagen); in diesem Fall machen Sie nur an einer Seite einen Überhandknoten, vorzugsweise an der linken. Stecken Sie jeden Strang, den Sie auf der Grundschnur aufknoten, fest. Setzen Sie ständig die Nadeln herunter, während die Arbeit voranschreitet. Die Nadeln sollten nie mehr als zweieinhalb Zentimeter vom Arbeitsbereich entfernt sein und können sich sogar in der Reihe direkt über der Arbeitsreihe befinden. Setzen Sie die Nadeln schräg von sich weg an, und *verankern Sie sie ganz fest.* Wenn das Muster unregelmäßig werden sollte, wird entweder nicht genügend genadelt oder einige Knoten werden zu fest geknüpft.

Handrolle
Wie man einen Schmetterling
macht

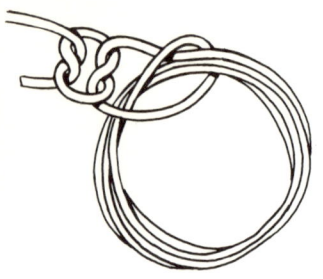

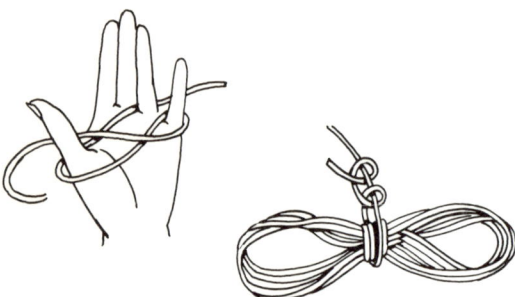

Handspule
Winden Sie die Stränge rund
um die Finger und befestigen
sie mit einem Kreuzknoten,
wenn die Stränge etwa 45 cm
von der Grundschnur
entfernt sind.

Schmetterling
Nehmen Sie das lose Ende
des Garnfadens und winden
Sie die Länge zu
Achterschlingen wie in der
Zeichnung dargestellt.
Zwei umgekehrte
Doppelschläge, aufgesetzt auf
eine Grundschnur. Die
beiden Überhandknoten an
den Enden der Grundschnur
sind auf dem Knüpfbrett
festgesteckt.

Stränge aufwinden
Wenn die Stränge zu lang
sind, um sich bequem
handhaben zu lassen, kann
ihre Länge verkürzt werden,
indem man sie mit der Hand
aufrollt oder Schmetterlinge
macht (siehe Zeichnungen)
oder Gummibänder benutzt.
Jeder Strang wird extra
aufgerollt.

Knoten

Nur zwei Grundknoten sind wichtig für Makramee: der Halbknoten, auch Makramee-Knoten genannt, und der Halbschlag. Es gibt verschiedene Kombinationen dieser Knoten, von denen einige prägnant genug sind, um eigene Namen zu führen. Sie werden in verschiedenen Texten häufig mit unterschiedlichen Namen bezeichnet, aber sobald man sie sieht, erkennt man in ihnen alte Freunde.

Die Knoten können anhand der Zeichnungen in diesem Buch leicht gelernt werden. Zusätzlich zu jenen im folgenden Abschnitt über Knoten werden später noch andere aufgeführt, wo sie anwendbar sind. Üben Sie die Knoten, indem Sie Muster machen, verschiedene Garne benutzen und die Anzahl der Stränge verdoppeln. Machen Sie die Knoten in hellfarbigen Garnen, damit sie leichter zu sehen sind.

Dinge, die Sie unbedingt beachten sollten:

Halten Sie die Grundschnur in gerader, straffer Lage, wenn Sie die Stränge aufknoten.

Halten Sie die Knotenträgerschnur reglos und straff, wenn Sie daran arbeiten.

Knüpfen Sie jeden Knoten dicht an den vorigen Knoten heran, es sei denn, das Muster erfordert es anders.

Halten Sie die Stränge gerade und in Ordnung und nicht verdreht, besonders, wenn über ihnen Knoten gemacht werden.

Die Stränge werden immer zu zwei Hälften zusammengelegt, bevor man mit dem Knüpfen anfängt. Wenn die Anzahl der abgeschnittenen Stränge in den Arbeitsmustern angegeben ist, bezieht sich diese immer auf die ausgemessenen Stränge und nicht auf die bereits zusammengelegten Stränge.

Knoten

Der Kreuzknoten und der Halbknoten
Der Halbschlag und der Überhandknoten
Der Doppelschlag
Doppelschlag (Winkeltechnik)
Kopfstücke und Picots
Abschlußarbeiten

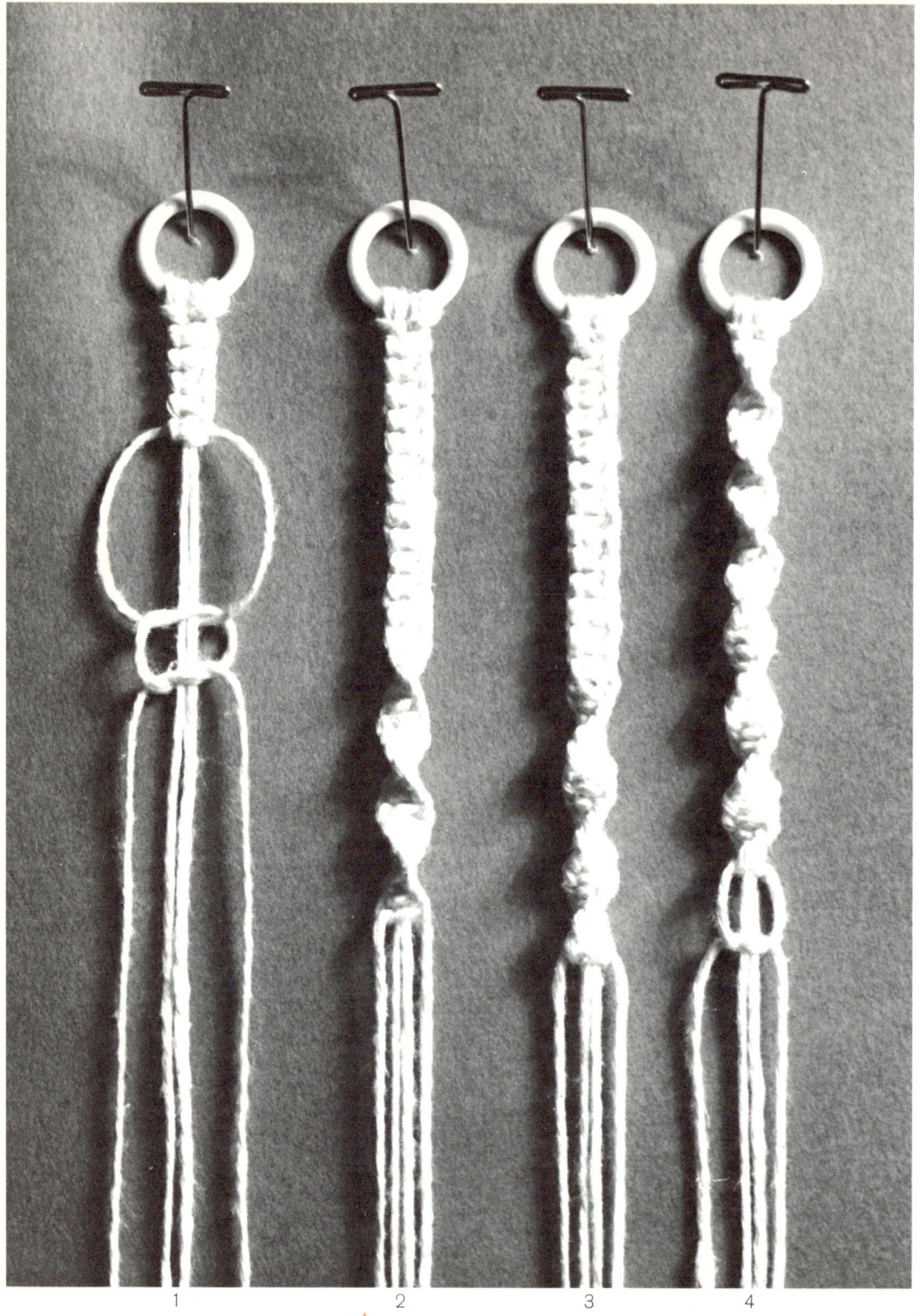

1   2   3   4

Dieses Knotenband ist eine
Kombination von links-
rechts, rechts-links Halbknoten

Der Kreuzknoten und der Halbknoten

Der Kreuzknoten wird aus zwei Halbknoten gemacht, von denen der eine nach links und der andere nach rechts läuft. Vier Stränge werden benutzt; die beiden in der Mitte, Auffüller oder Kernstränge genannt, werden straff gehalten, bis der Knoten vollendet ist. Wenn Sie üben, machen Sie Knotenbänder wie auf der gegenüberliegenden Seite gezeigt.

Die Knüpfmuster entsprechen in der Numerierung den Mustern der Knotenbänder. Bei Knotenband 1 besteht das Knüpfmuster aus einer Reihe von Kreuzknoten. Bei den Knotenbändern 2 und 3 wurde ein Kreuzknoten beziehungsweise ein umgekehrter Kreuzknoten verwendet. Der Dreheffekt in den unteren Abschnitten wird erreicht, indem man den Halbknoten wiederholt. Knotenband 4 ist eine Kombination der unteren Abschnitte von 2 und 3. In den Knotenbändern 1 und 4 wird der letzte Knoten in der Herstellung gezeigt.

Wie man die Stränge mit umgekehrten Doppelschlägen auf der Grundschnur befestigt

Kreuzknotenband aus Leder, zu Handgriffen verarbeitet, gibt alten Schreibtisch- oder Kommodenschubladen eine neue, interessante Note

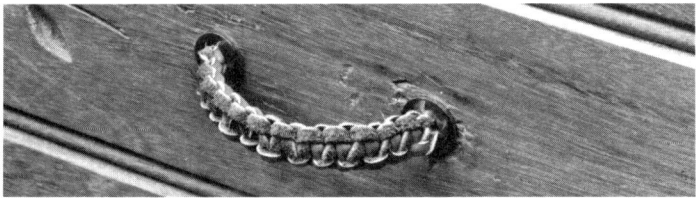

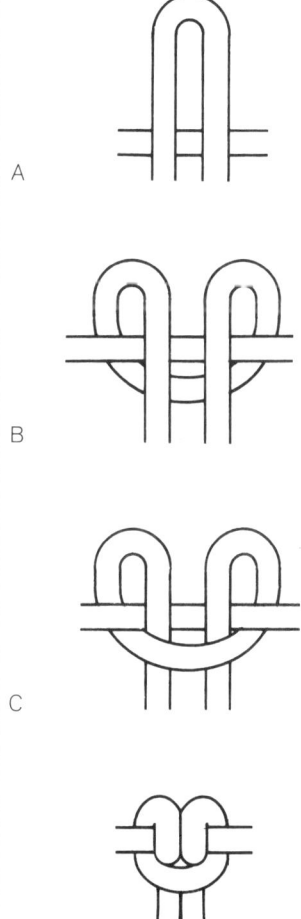

A

B

C

D

Wie man die Knotenbänder
auf Seite 30 macht:

1:
Kreuzknoten

2:
Kreuzknoten mit
Halbknoten-Drehung

3:
Umgekehrter Kreuzknoten
mit Halbknoten-Drehung

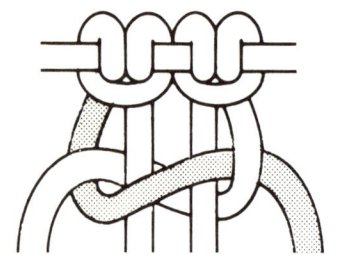

Halbknoten, links-rechts

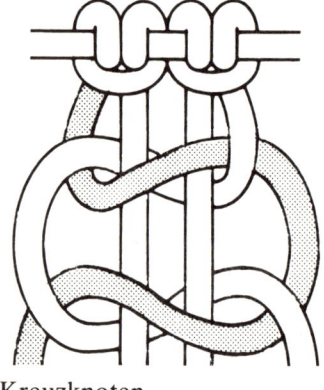

Kreuzknoten

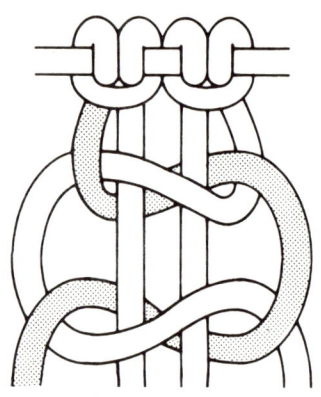

Umgekehrter Kreuzknoten

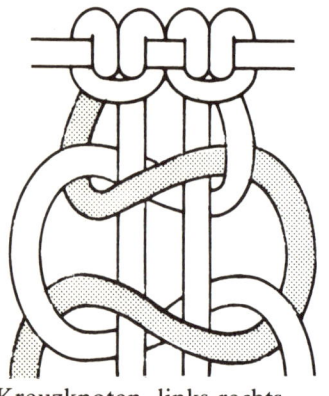

Kreuzknoten, links-rechts,
rechts-links, vollendet.
Fahren Sie fort mit einer
Reihe von Kreuzknoten

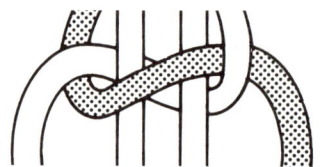

Fügen Sie einen Halbknoten
an, links-rechts, um die
Drehung zu bekommen

Fahren Sie fort mit einem
Halbknoten, rechts-links, um
die Drehung zu bekommen

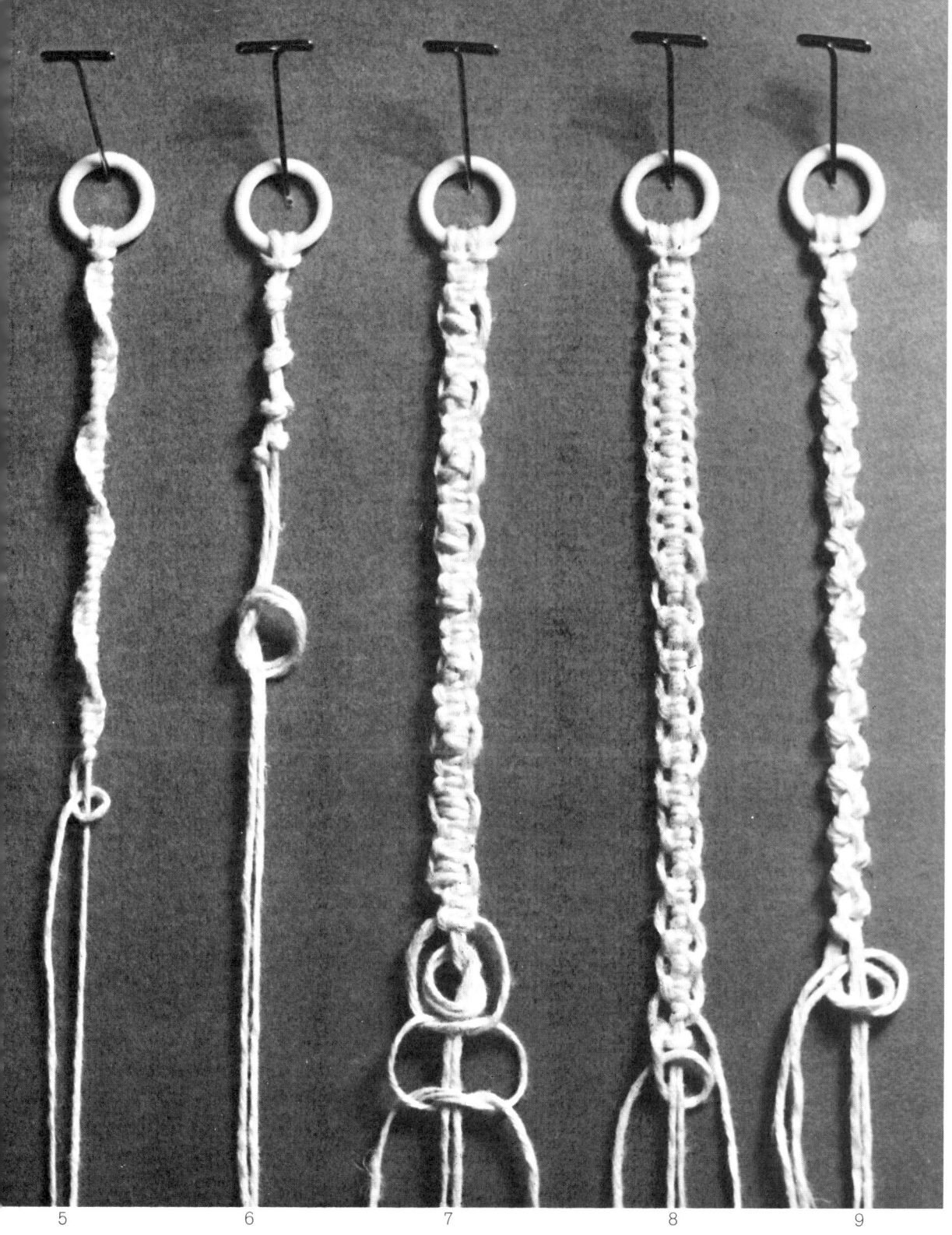

Der Halbschlag und der Überhandknoten

Der Halbschlag ist der praktischste Knoten beim Makramee, da man durch ihn eine ganze Anzahl von Varianten erhalten kann. Der Überhandknoten wird in ähnlicher Weise wie der Halbschlag geknüpft, aber unterschiedlich angewendet. Eine Reihe von Überhandknoten unter Verwendung entweder eines einzigen Stranges oder vieler Stränge bildet Gewebestruktur. Der Überhandknoten kann auch dazu benutzt werden, ein Knotenband zu beenden. In der Zeichnung 7 wird er zwischen Kreuzknoten benutzt, um die Wirkung zu erhöhen.
Der Doppelkettenknoten kann mit zwei Strängen oder mit vielen Strängen gemacht werden. Mit schwerem Garn in zwei Farben wird daraus ein interessanter Bindegürtel.
Die Konstruktion aller dieser Knoten kann leicht anhand der Zeichnungen gelernt werden. In jedem Fall entsprechen die Knotenmuster der Numerierung nach jenen, die für die Knotenbänder auf Seite 33 benutzt wurden.

Herstellung der Knotenbänder auf Seite 23:

5:
Halbschlagknoten.
Fahren Sie damit fort für das Knotenband

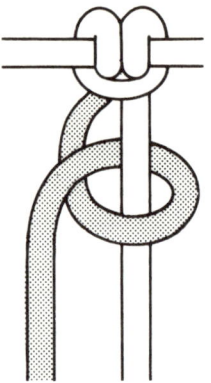

6:
Überhandknoten, zwei Stränge.
Fahren Sie damit fort für das Knotenband

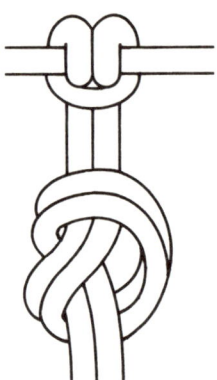

7:
Kreuzknoten mit
Überhandknoten auf den
Kernsträngen

8:
Abwechselnd Halbschläge
und umgekehrte
Doppelschläge

9:
Doppelkettenknoten mit vier
Strängen

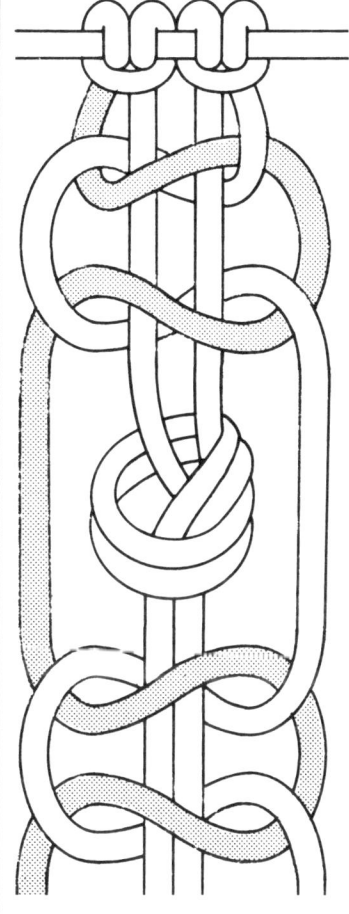

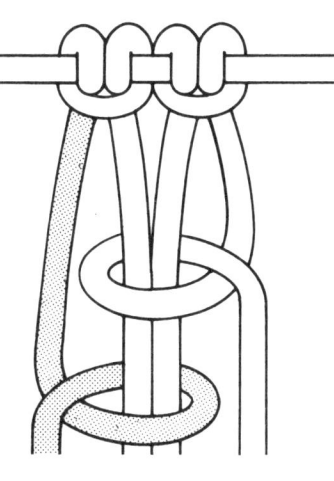

Oberer Teil

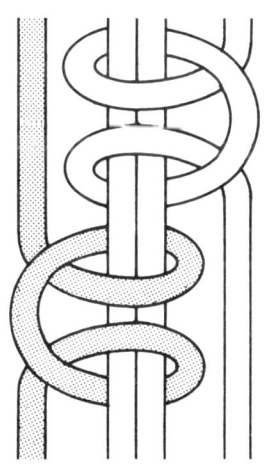

Unterer Teil

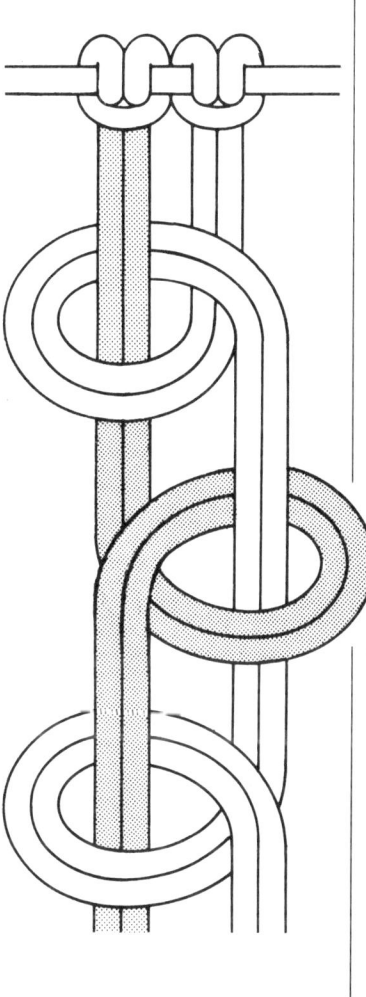

35

Der Doppelschlag

Es ist schwer zu sagen, mit welcher der Doppelschlag-Varianten man die reizvollsten Ergebnisse erzielt. Sie sind gewiß alle sehr prägnant. Dieses Buch enthält verschiedene Entwürfe, die die zahllosen Möglichkeiten dieses wichtigen und vielseitig verwendbaren Knotens ausgezeichnet demonstrieren. Drei Versionen sind hier aufgezeichnet – der Horizontale, der Vertikale und der Diagonale Doppelschlag. Jeder Strang geht zweimal über die Trägerschnur, während man die Reihe vollendet, indem man zwei Halbschläge macht. Halten Sie die Knotenträgerschnur straff, quer über jede Reihe in der bestimmten Richtung. Ziehen Sie die Knoten dicht auf, und stecken Sie jede Reihe nach der Fertigstellung fest. Die Trägerschnur muß länger abgemessen werden als die anderen Stränge.

Muster, das Horizontale, Vertikale und Diagonale Doppelschläge zeigt.

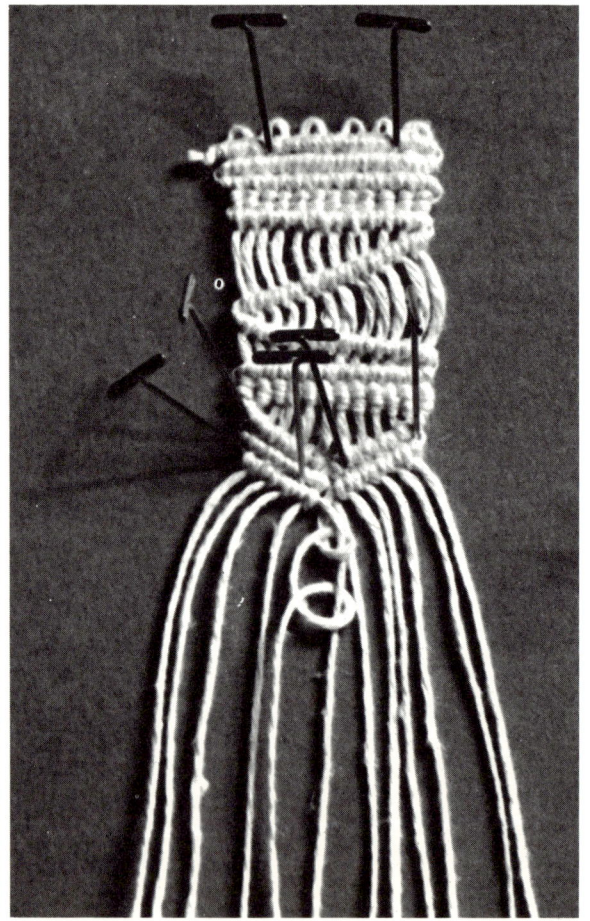

**Wie man horizontale
Reihen macht:**

A Strang 1 ist Knotenträger.

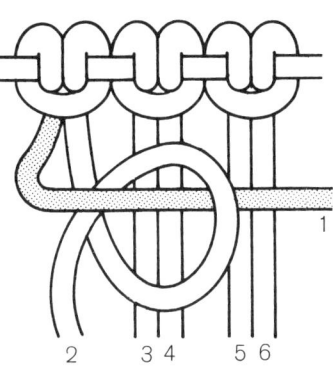

C Wiederholen Sie dasselbe
   mit Strang 3

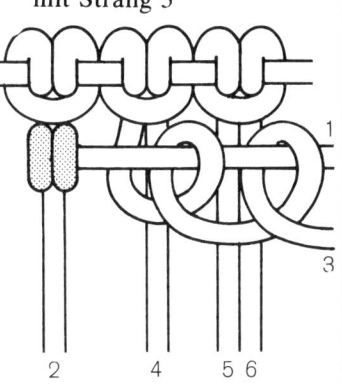

B Mit Strang 2 Doppelschlag
   machen.

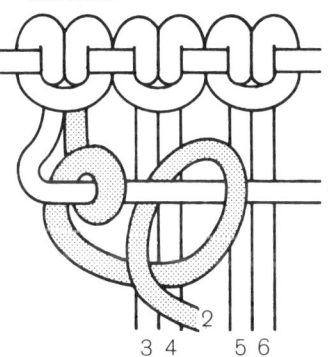

D Vollenden Sie die Reihe,
   und kehren Sie dann um.

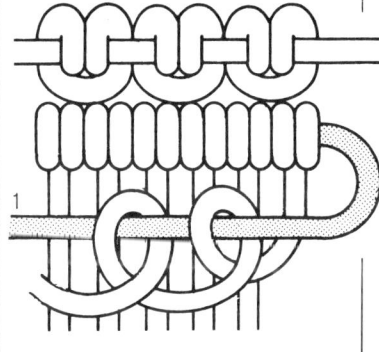

Wie man vertikale Reihen macht:

A Anfang

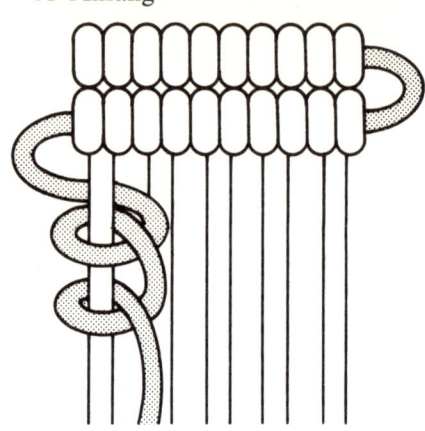

B Fortfahren

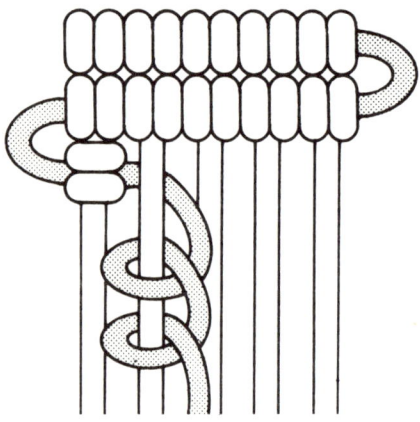

C Umkehren

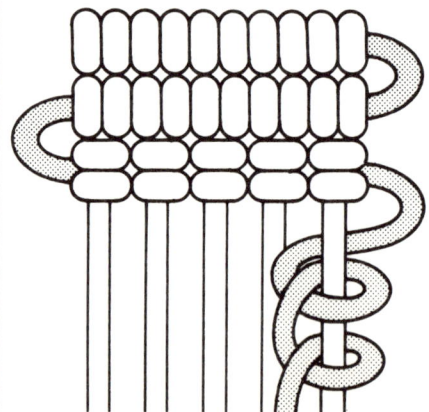

Wie man diagonale Reihen macht:

A Strang 1 ist Knotenträger.

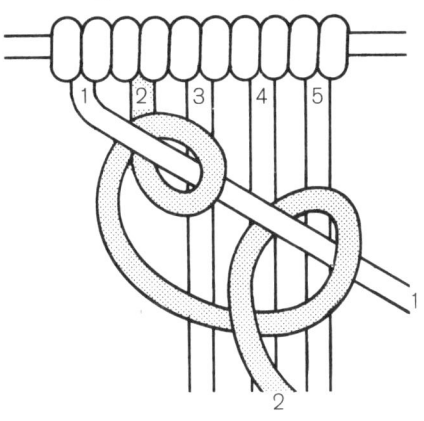

B Machen Sie mit jedem Strang einen Doppelschlag.

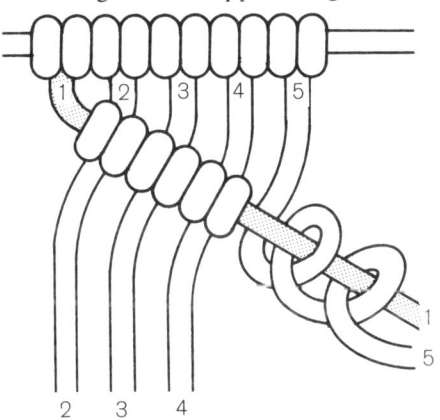

C Beginnen Sie die zweite Reihe mit Strang 3 als Knotenträger.

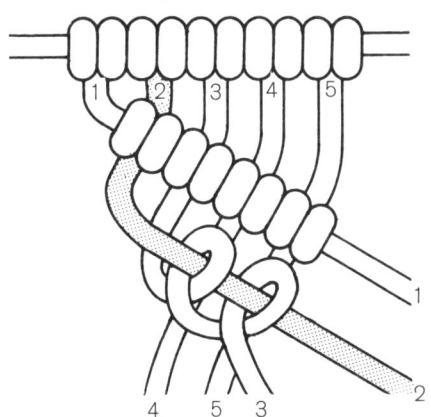

D Methode, die Stränge zu kreuzen, wenn die diagonalen Reihen sich treffen.

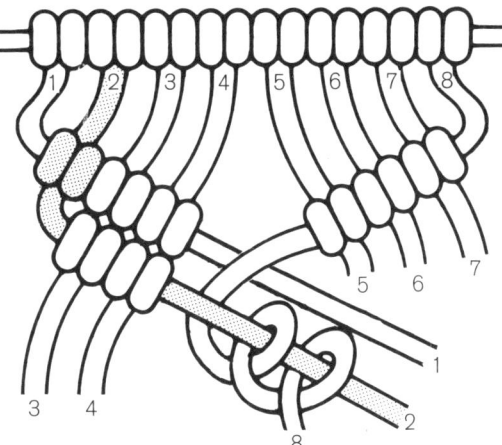

Fahren Sie fort, mit Strang 7 eine Reihe von Knoten zu machen, und knüpfen Sie dann hinüber auf Strang 1.

E Um offene Zwischenräume zu erhalten, werden die diagonalen Reihen nicht gekreuzt.

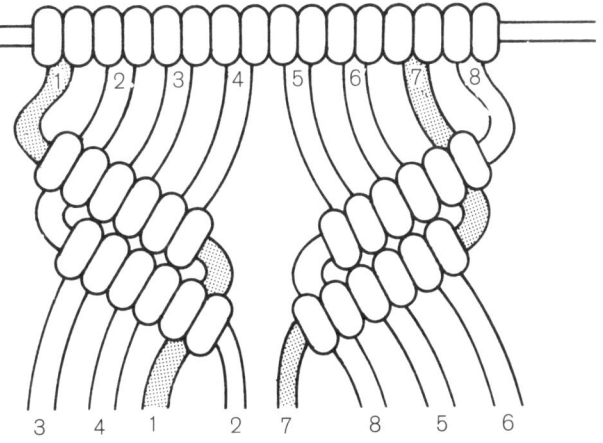

Doppelschlag (Winkeltechnik)

Die Horizontalen und Vertikalen Doppelschläge können in einer Winkeltechnik variiert werden, die sowohl Farbwechsel ermöglicht als auch die Schaffung spitzer Ecken, um Formen zu bilden.

Muster 1
besteht aus zwei winkligen Teilen, die unabhängig voneinander mit Horizontalen Doppelschlägen gemacht wurden. Das Garn ist beim ersten Teil von rechts nach links geknüpft und dann von links nach rechts. Dies wird abwechselnd fortgesetzt, bis die gewünschte Länge erreicht ist. Der zweite Teil ist auf die gleiche Weise gemacht, nur daß die Knoten am Anfang von links nach rechts geknüpft werden. Wenn beide Teile die gleiche Länge haben, werden sie ineinander verschränkt, indem sie einfach zusammengelegt und mit einer Reihe von Horizontalen Doppelschlägen auf einer Halteschnur befestigt werden.

Muster 2
besteht aus dem Einknüpfen von Farben mit Hilfe der Winkeltechnik. Ein Strang nach dem anderen wird mit einer Reihe von Horizontalen Doppelschlägen von links nach rechts hinübergearbeitet und auf der rechten Seite gelassen. Nachdem eine Anzahl von Strängen fertig ist, werden sie straff heruntergezogen und nur als Trägerknoten für Vertikale Doppelschläge benutzt. Die Zeichnungen zeigen die Anwendung dieser Technik.

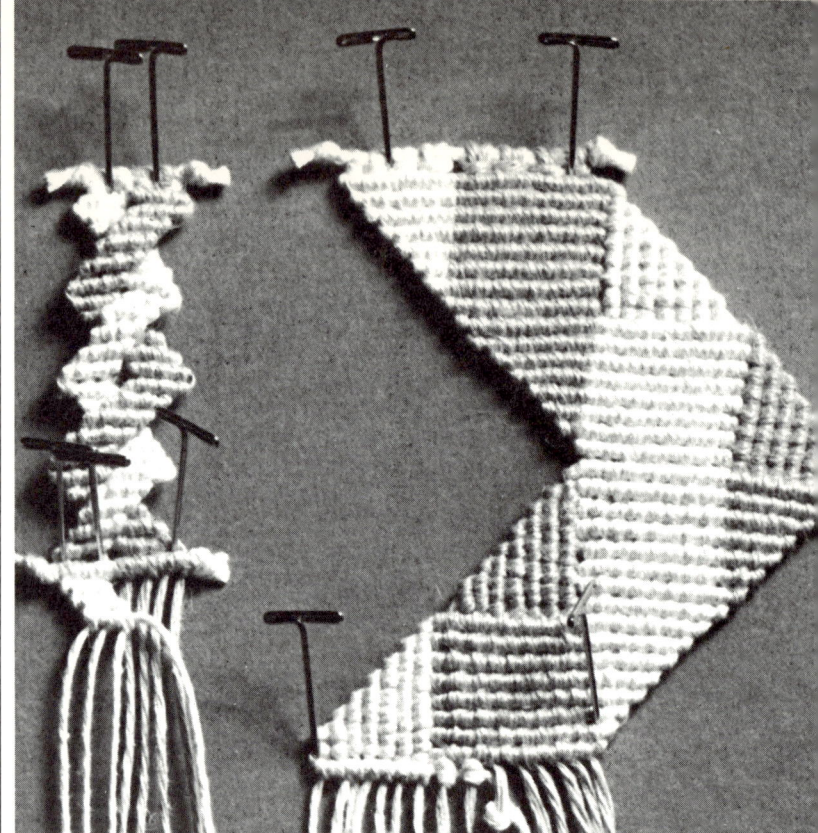

Muster 1   Muster 2

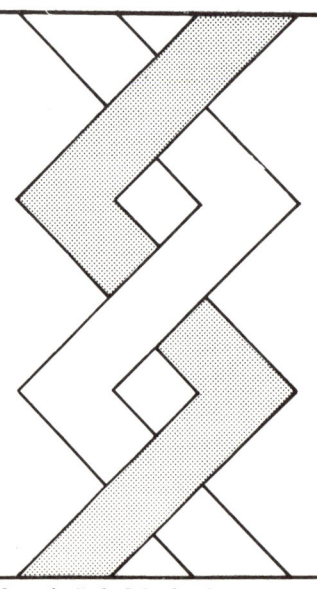

Verschränk-Methode für Muster 1

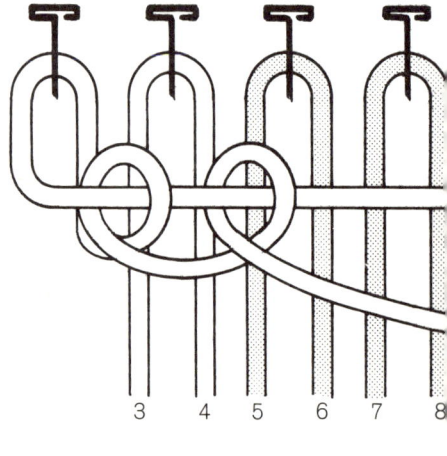

3   4   5   6   7   8

Anfang. Zuerst schlingen Sie die Stränge um »T«-Nadeln und beginnen mit der ersten Reihe von Horizontalen Doppelschlägen.

A, B, C Beginnen Sie mit der Winkeltechnik, indem Sie von links nach rechts arbeiten.

D Zur Fortsetzung wird Strang 5 in waagerechte Position gebracht, und mit dem Strang 6 beginnt eine neue Reihe Horizontaler Doppelschläge.

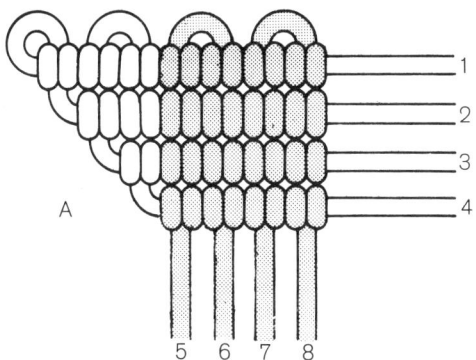

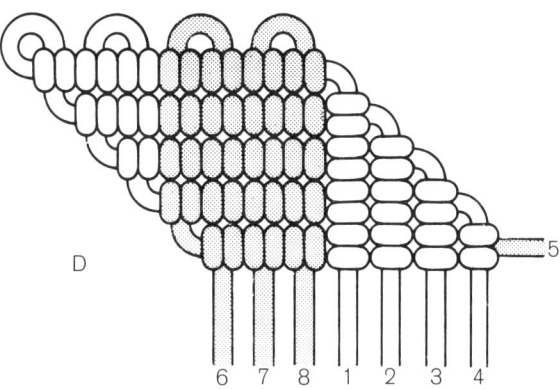

AA Umkehrung der Winkelmusterrichtung

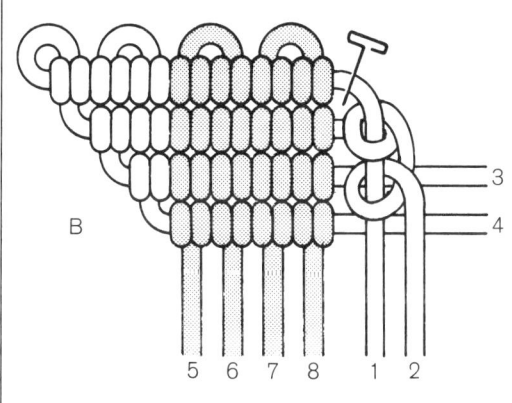

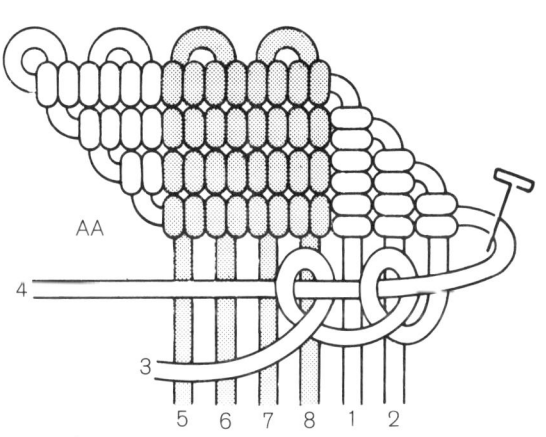

BB Änderung des Farbmusters

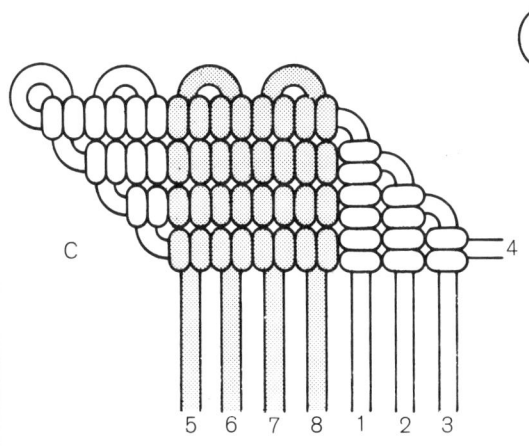

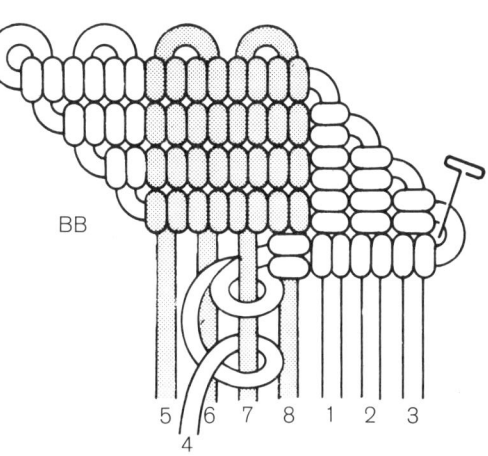

41

Kopfstücke und Picots

Es gibt verschiedene Möglichkeiten, die Stränge auf eine Grundschnur aufzusetzen, und einige davon sind sehr dekorativ. Die hier gezeigten Picots sind Knotenschlingen, die Kopfkanten und andere Flächen, bei denen ein Spitzeneffekt gewünscht wird, verändern. Beachten Sie die Hängevase auf S. 57.

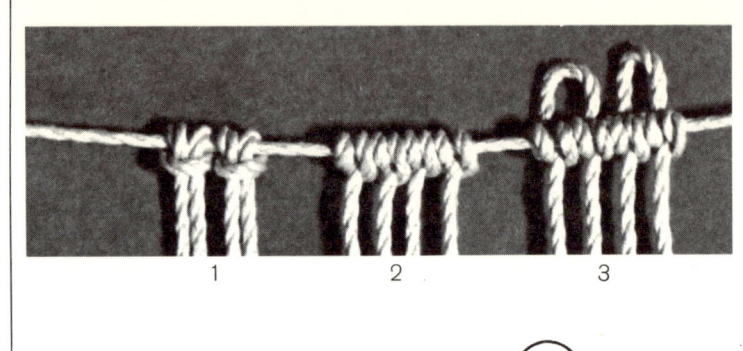

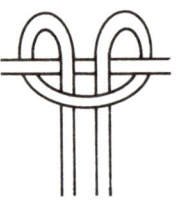 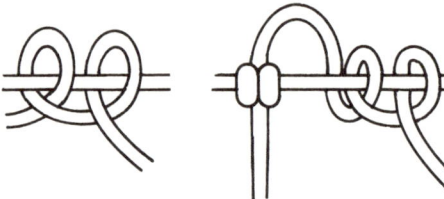

1. Umgekehrter Doppelschlag   2. Doppelschlag   3. Doppelschlag mit Picot

 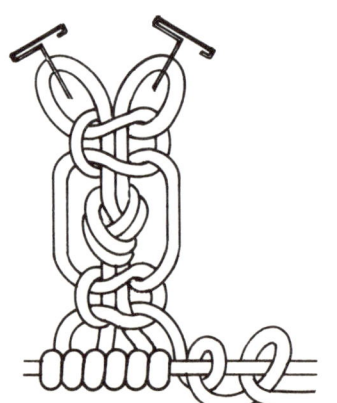

4. + 5. Kreuzknoten und Kreuzknoten mit Picots

6. Picot, Kreuzknoten, Überhandknoten und Kreuzknoten

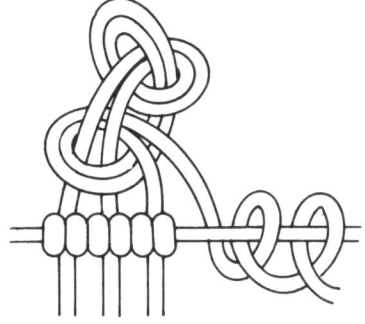

7. Doppelkettenknoten

8. Picot, Umgekehrter Doppelschlag

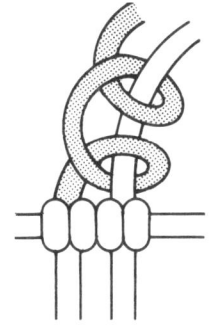

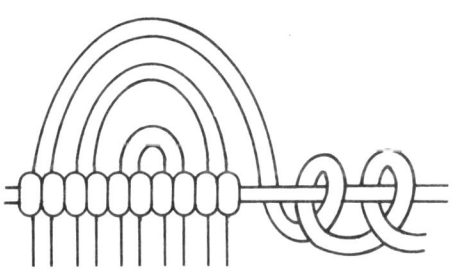

9. Reihe von Picots

10. Picot mit Kreuzknoten

43

Abschlußarbeiten

Um eine Arbeit abzuschließen, können die verbleibenden Stränge zu einer dekorativen Franse verarbeitet oder zu Knotenbändern geformt werden. Sie können auch sauber abgeschnitten werden, so daß sie eine einfache Fransenkante bilden. Man kann auch einen Sammelknoten machen (s. Zeichnung), der so viele Stränge umschließen kann, wie Sie es wünschen. Binden Sie ihn fest, damit er hält und der Arbeit ein ordentliches Aussehen gibt. Die Strangenden können auch mit einer Stick- oder Häkelnadel in die Rückseite eingewebt werden. Noch eine andere Möglichkeit ist, eine Halteschnur einzufügen und eine einzige Reihe von Doppelschlägen daraufzusetzen, gefolgt von einem Kreuzknoten und Knotenbändern, die in einem Sammelknoten enden. Diese und andere Möglichkeiten, Arbeiten zu beenden, finden Sie in den Arbeitsanleitungen für die einzelnen Entwürfe.

Dekorative Einfassungen

Kreuzknoten mit vielen Strängen und Überhandknoten können verwendet werden, um dekorative Kanten an Vorhängen oder Tischtüchern zu machen. Auf die gleiche Weise kann man eine Schärpe oder eine gestrickte Stola verzieren.

Die in grobe Leinwand eingearbeitete Vorhangfransenkante wurde so begonnen, daß zunächst etwa 30 cm der horizontalen Fäden herausgezogen wurden. Dann wurden mit jeweils zwölf Strängen Kreuzknoten gemacht. Die Anleitung ist wie folgt:

1. Reihe
Kreuzknoten 4, 4, 4
(4 Stränge auf jeder Seite werden über 4 Stränge geknüpft)
2. Reihe
Kreuzknoten, 2, 8, 2
(2 Stränge auf jeder Seite werden über 8 Stränge geknüpft
3. Reihe
Kreuzknoten 4, 4, 4
4. Reihe
Kreuzknoten 2, 8, 2
5. Reihe
Überhandknoten mit den mittleren 8 Strängen
6. + 7. Reihe
Kreuzknoten 2, 4, 2 unter Verwendung der
8. Reihe
Überhandknoten mit den mittleren 8 Strängen
9. Reihe
Kreuzknoten 4, 4, 4
Zum Abschluß:
Machen Sie einen Sammelknoten und schneiden Sie die Stränge sauber ab.

Spleißen

Es kommt vor, daß Stränge ersetzt werden müssen, weil ihre Länge unterschätzt oder sie so straff angezogen wurden, daß sie gerissen sind. In diesen Fällen kann gespleißt werden. Wenn der Strang in einer Reihe von Doppelschlägen bricht, legen Sie die abgerissenen Enden übereinander und knoten die Reihe weiter, wobei Sie die abgerissenen Strangenden einfach hineinarbeiten (s. Zeichnung). Ziehen Sie die herausragenden Strangenden auf die Rückseite des Werkstücks. Zum Spleißen im Kern eines Kreuzknotens (s. Zeichnung). Wenn Sie an einem großen Werkstück arbeiten, ist es besser zu spleißen als mit übergroßen Schmetterlingen zu arbeiten. (Siehe blaugoldener Läufer, S. 90)

Austausch von Strängen

Wenn Sie am Anfang eines Kreuzknotenbandes feststellen, daß die äußeren Stränge viel kürzer sind als die Kernstränge, wechseln Sie um, so daß die Kernstränge sich außen befinden. Auf diese Weise brauchen Sie nicht zu spleißen.

Sammelknoten

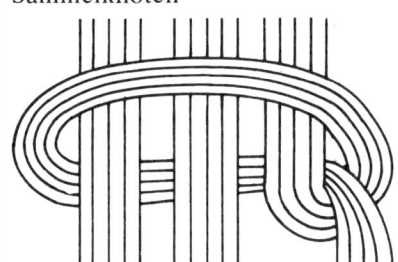

Vorhangfransenkante in grobes Leinen eingearbeitet

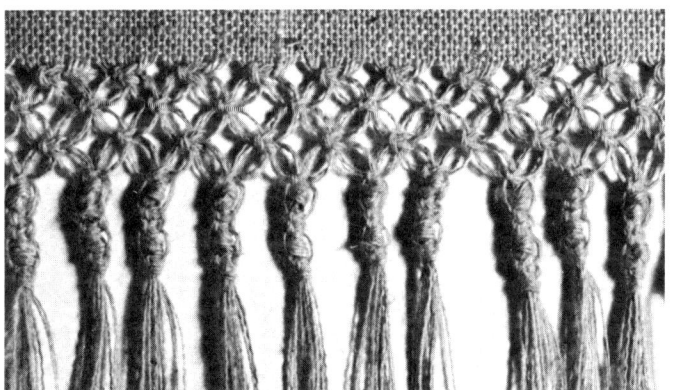

Spleißmethode für Doppelschlag

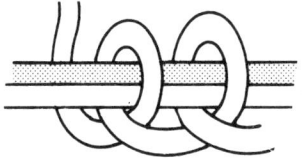

Spleißmethode für Kreuzknoten

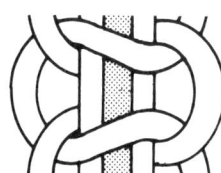

45

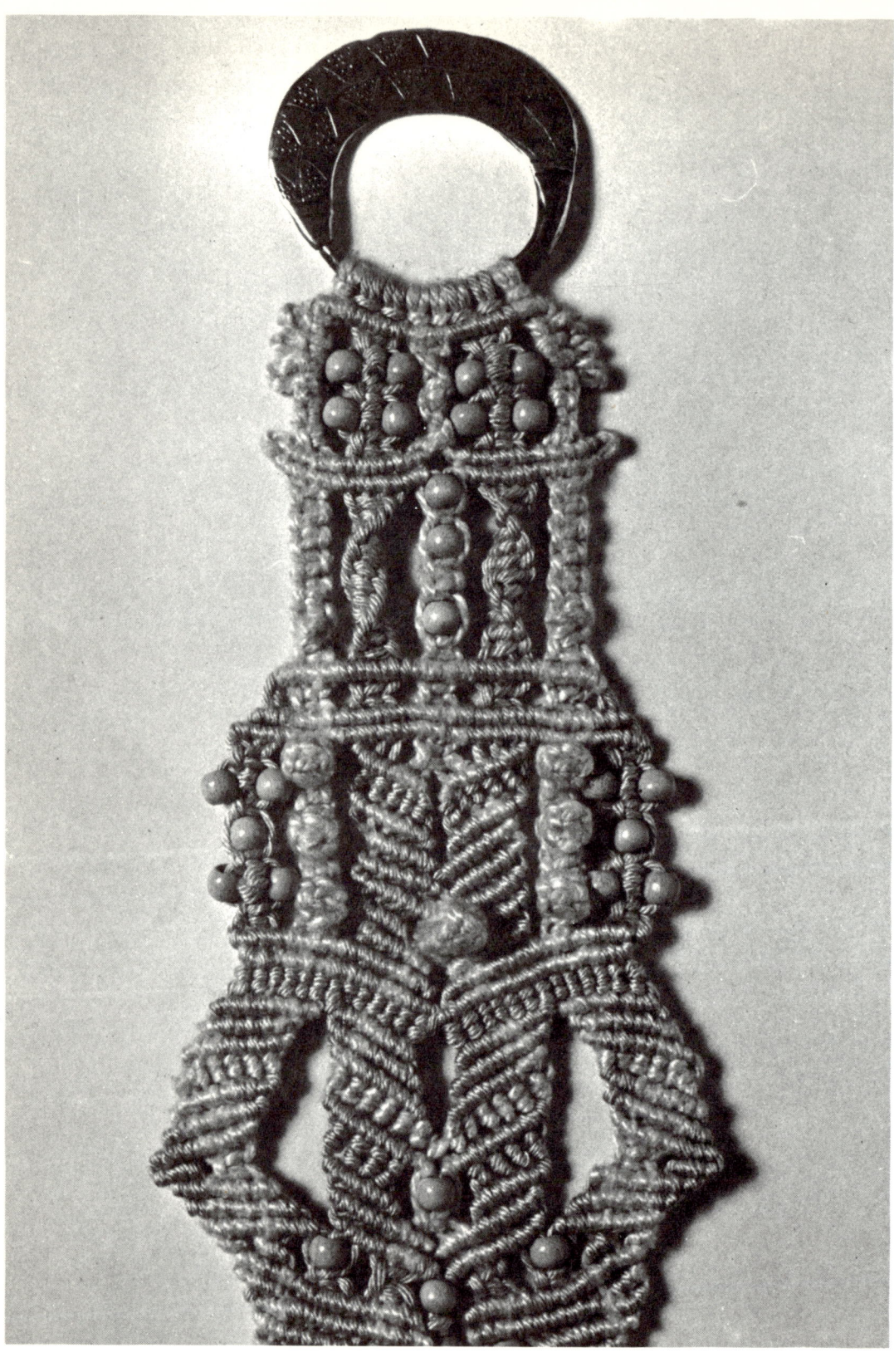

Struktur

Der Ausschnitt aus
Wandbehang »Misterio«
zeigt die Kombination
verschiedener Materialien.
Aus der Sammlung Anne
Stackhouse

Struktur

Die Schönheit einer Makramee-Arbeit ergibt sich aus der Bewegung der Knoten. Die Art und Weise, wie sie zu einem Knotenmuster zusammengestellt werden, sowie die zu ihrer Herstellung gewählten Garne schaffen gemeinsam eine Fülle von strukturellen Varianten. Hier sind einige Beispiele gezeigt, die zum Teil den Arbeiten in diesem Buch entnommen sind.

Das Kombinieren von Strukturen

Der Wandbehang S. 46 zeigt, wie verschiedene Materialien sich harmonisch zu einem einheitlichen Design verbinden lassen und eine prächtige Struktur schaffen. Ein Ohrring aus Silbermetall, auf den die Arbeit aufgezogen ist, Holzperlen, zwischen die Knoten gesetzt, Knollen (siehe S. 82) und zwei verschiedene Garntypen in gedeckten Farben sind hier sorgfältig zu einer Konstruktion mit festen Flächen und offenen Zwischenräumen ausgewogen. Zusätzlich zu diesen Elementen geben die Knüpfmuster von Doppelschlägen und Kreuzknoten der Arbeit ihre Form und erhöhen die Wirkung.

Offene Zwischenräume mit geradlinigem Knüpfmuster

Auf S. 49 sehen Sie eine Ausschnittvergrößerung einer mexikanischen Stola. Die Betonung bei diesem Stück liegt auf der Unebenheit des handgesponnenen Wollgarns und der Art, wie die ungeknüpften Flächen durch ein geradliniges Muster von Halbknoten lose zusammengehalten zu werden scheinen. Der sichtbare strukturelle Effekt ist der eines luftigen, weichen Gewebes, aber es hat dennoch Masse und ist tatsächlich sehr kräftig. Es ist eine ideale Struktur für Kleidungsstücke.

Enges Knüpfen mit Teppichwolle

Der Ausschnitt aus der Mitte eines blauen und goldenen Läufers ist ein Beispiel dafür, wie ein kompaktes Muster Struktur bilden kann. Dieses kräftige, ebenmäßige Gewebe wurde durch enges Knüpfen von horizontalen und vertikalen Doppelschlägen erreicht. Teppichwollgarn wird für das ganze Stück benutzt, um einen dicken Flor und die für den gewünschten Zweck notwendige Festigkeit zu erreichen.

Kombination von kontrastierenden Garnen

Der Ausschnitt auf S. 116 aus dem Wandbehang »Cascade« zeigt wieder eine andere Struktureigenschaft. Dieses Beispiel demonstriert deutlich den andersartigen Effekt, der durch die Kombination kontrastierender Garne erreicht wird. Hier wurde dickes Wollvorgespinst und Leinentau verwendet. Das Ergebnis des ständigen Wechselspiels dieser beiden Garne wird zum dominierenden Merkmal dieser Arbeit, die vornehmlich mit dem Kreuzknoten geknüpft wurde.

Ausschnitt aus mexikanischer Stola – siehe auch S. 77

Ausschnitt aus blauem und goldenem Läufer – siehe auch S. 90

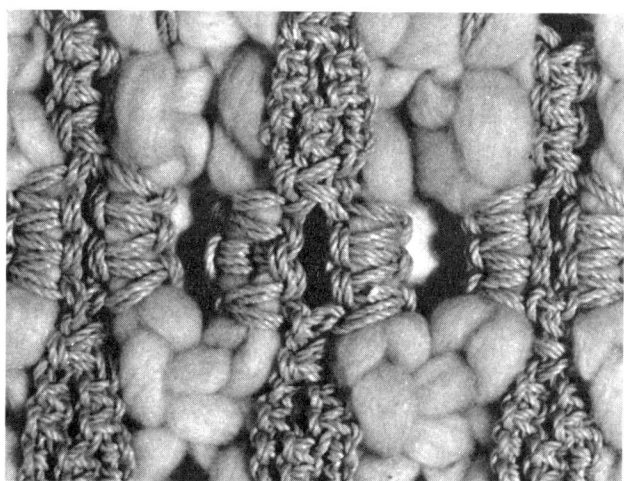

Ausschnitt aus Wandbehang »Cascade« – siehe auch S. 116

Ausschnitt aus Wandbehang
»Peking«. Siehe auch S. 105

Ausschnitt aus der Rückseite
eines roten Kissenbezugs.
Siehe auch S. 74

Farbe und Muster

Farbe und Muster

Obgleich Farbe für jeden etwas Persönliches ist und unsere Reaktionen darauf wie unsere Stimmungen wechseln, gibt es dennoch einige Dinge zu berücksichtigen, wenn man eine Makramee-Arbeit in Farben plant. Denken Sie daran, daß die Schönheit dieser Kunstform in den Knoten und in ihrer Zusammenstellung zu einem Muster liegt. Wenn Sie jedoch ein interessantes Muster vorhaben, und Sie wollen Farbe dafür verwenden, oder Sie wünschen für ein Zimmer eine bestimmte Farbnote, dann sollten Sie Ihre Makramee-Arbeit erst in der oder den gewünschten Farben entwerfen, aber es wäre in diesem Fall anzuraten, die Konstruktion der Knoten einfach zu halten.

Um festzustellen, welche Wirkung eine bestimmte Farbe in einem Muster erzielt, macht man Probemuster mit verschieden strukturierten Materialien und einer Anzahl verschiedener Knoten.

Ausschnitt aus einem mehrfarbigen Bindegürtel. Siehe auch S. 82/83

Komplizierte Muster in einer Farbe

Wenn eine Arbeit verschiedene Strukturen kombinieren soll, z.B. ein kompliziertes Knüpfmuster mit zusätzlichen Musterelementen, dann verwendet man am besten nur eine Farbe. Beachten Sie den Ausschnitt aus dem Wandbehang »Peking« (auf Seite 50), in dem einige der Knüpfvarianten zu sehen sind. Die Garnfarbe harmoniert mit der Farbe der Perlen, die als ein Teil des Musters eingefügt sind. Der Schimmer der Perlen sowie ihre Farbschattierungen sind wirkungsvoll genug; kein weiterer Farbkontrast ist erforderlich, um sie zur Geltung zu bringen.

Zwei verschiedene Garne in der gleichen Farbe

Die Verwendung eng verwandter Garne in der gleichen Farbe gibt einer Arbeit mehr Reiz und Tiefe. Der Ausschnitt aus dem roten Kissenbezug (Seite 50) ist ein Beispiel dafür, wie zwei verschiedene Garne in der gleichen Farbe einander betonen können. Der elegante Glanz der roten Kunstseide wird ausgezeichnet ergänzt von dem ruhigen, matten Schein der roten Wolle. Ein weiterer Kontrast wird dort gebildet, wo sich die beiden Garne in Kreuzknoten begegnen. Das Knüpfmuster ist einfach gehalten.

Ausschnitt aus dem Wandbehang »Nightbird«. Siehe auch S. 118

Starke Farbkontraste

In dem Ausschnitt aus einem Bindegürtel (Seite 52) sind mehrfarbige Stränge zweier verschiedener Garne zu einem wiederholten Diagonalmuster verknotet worden. Drei starke Farben können hier erfolgreich kombiniert werden, weil das Knüpfmuster so kunstvoll ist. Diese Arbeit wird zeitweise von der Rückseite her geknüpft, um auf diese Weise den Charakter der Oberfläche zu verändern und ein zusätzliches Strukturelement zu erzielen. Knollen stellen eine weitere Mustervariante dar.

Eine Farbe mit Perlen in einer anderen Farbe

Ein Farbkontrast wird auch erreicht, indem man die Dichte der geknoteten Flächen variiert. Der Ausschnitt aus dem Wandbehang »Nightbird« (S. 118) zeigt ein Knüpfmuster, das so interessant ist, daß zur Kontrastbildung lediglich weiße Holzperlen erforderlich sind. Diese Perlen dienen dazu, offene Zwischenräume und dichte Flächen des Musters zu einer Einheit zusammenzuschließen. Sie betonen außerdem den Umriß der dreieckigen Form.

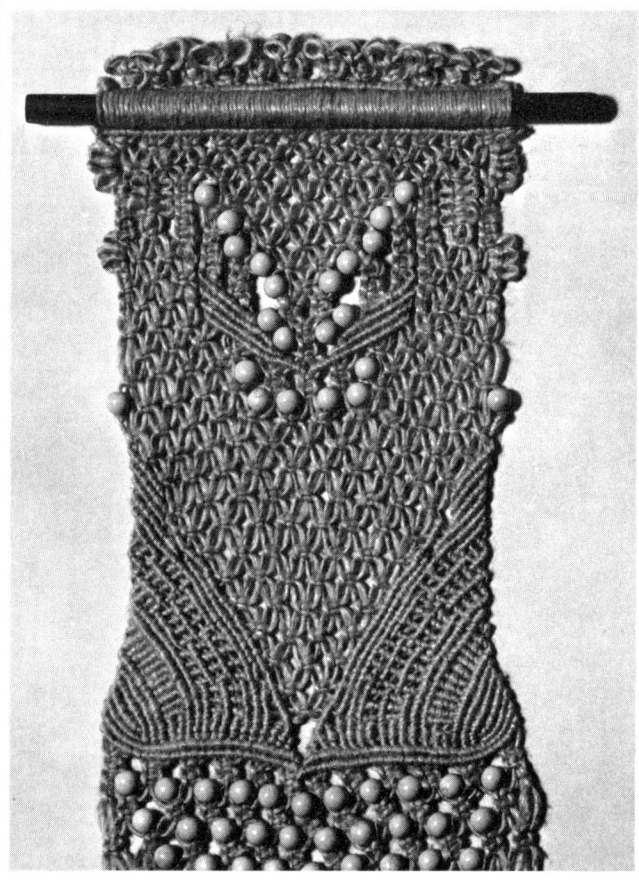

Projekte

Hängevasen
Kübeltasche
Patio-Gehänge
Platzdecke
Armreifen und Perlen
Raumteiler
Kissenbezug
Zwei Musterbeispiele aus Mitla
Bindegürtel 1 (Jute-Gürtel)
Bindegürtel 2 (Mehrfarbiger Gürtel)
Gürtel 1 und 2
Vorleger (Matten)
Cavandoli-Schlingstich
Wandbehang oder Tasche

Hängevasen

Die drei hier gezeigten Arbeiten bestehen aus einfachen Knotenbändern und nur wenigen Knoten. Sie sollen Ihnen helfen, hübsche und nützliche Dinge zu schaffen, indem Sie Garn und vorhandene Gegenstände miteinander kombinieren.

Anmerkung:
Die allgemeine Regel, daß Stränge $3^1/2$- bis 4mal so lang wie die beabsichtigte Endlänge des Werkstücks sein sollen, gilt nicht für Hängetöpfe oder Hängevasen. Da in diese Arbeiten nur wenige Knoten geknüpft werden, braucht man weniger Garn.
Denken Sie daran, daß die Stränge immer doppelt gelegt werden, bevor Sie zu knüpfen anfangen.

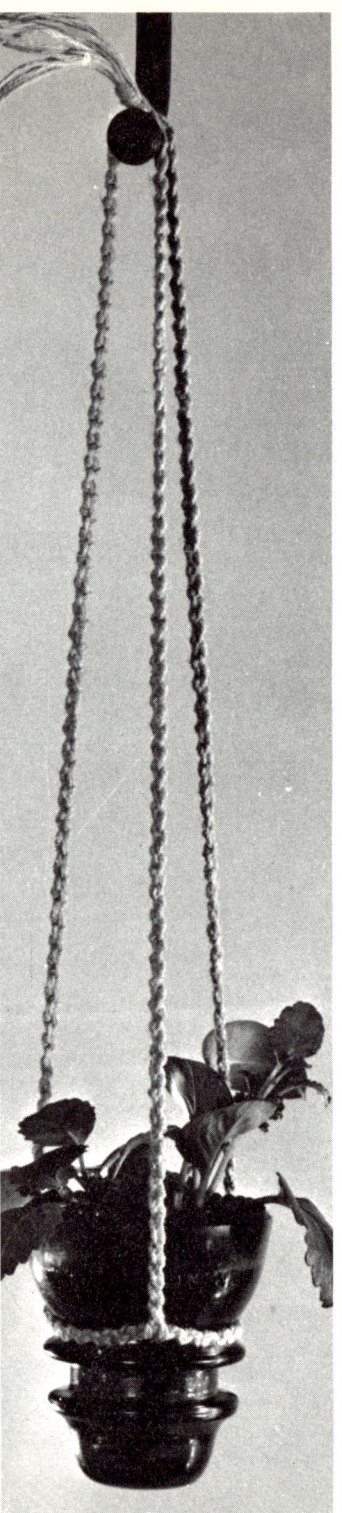

Hängetopf, gearbeitet aus Doppelkettenknotenbändern

Hängetopf

Größe:
50 cm lang

Material:
Leinengarn fünffach, naturfarben. Der Topf ist eine Isolierkappe von einem Telegraphenmast.

Knoten:
Doppelkettenknoten (benutzen Sie 4 Stränge wie 2 – siehe S. 34–35)
Stränge:
2 Stränge, jeweils $6^1/2$ m lang
4 Stränge, jeweils $4^3/4$ m lang

Anleitung:
Stecken Sie die beiden 6,5 m langen Stränge auf dem Knüpfbrett fest, indem Sie oben eine kleine Schlaufe lassen. Knüpfen Sie ein Knotenband aus Doppelkettenknoten. Befestigen Sie das fertige Knotenband um den Behälter, indem Sie die Stränge durch die Schlaufe ziehen.
Ziehen Sie die verbliebenen vier Stränge in Abständen von jeweils einem Drittel auf das fertige Knotenband auf. Machen Sie dort, wo Sie die Stränge befestigt haben, zwei Doppelkettenknotenbänder.

Abschluß:
Binden Sie die drei Knotenbänder mit einem Überhandknoten zusammen. Schneiden Sie überschüssiges Garn nach Wunsch ab.

Charlie Browns
Hängetopf

Material:
Marlleine. Irgendein
zylinder- oder kegelförmiger
Behälter. Eine Scheibe mit
vier Löchern oder ein Ring
wird als Untersatz benutzt.

Knoten:
Kreuzknoten, Umgekehrter
Doppelschlag,
Überhandknoten

Stränge:
8 Stränge, jeder $2^3/_4$ m lang
(zugeschnitten)

Anleitung:
Befestigen Sie in jedem Loch
des Untersatzes oder an vier
Stellen des Ringes zwei
Stränge mittels umgekehrtem
Doppelschlag. Dies ergibt
vier Stränge in jedem Loch.
Machen Sie nun mit allen
vier Strängen einen
Kreuzknoten. Nehmen Sie
zwei Stränge von jedem
Knoten; lassen Sie ca. 3 cm
Zwischenraum. Binden Sie
einen Kreuzknoten,
Überhandknoten und
Kreuzknoten. Nehmen Sie
zwei Stränge von jedem
Knoten; lassen Sie 5 cm
Zwischenraum. Binden Sie
einen Doppel-Kreuzknoten
an jeder Ecke. Mit den
äußeren Strängen eines jeden
Kreuzknotens binden Sie mit
vier Strängen einen
Überhandknoten.

Abschluß:
Binden sie die Stränge mit
einem Überhandknoten
zusammen, und schneiden Sie
sie dann ab.

Hängetopf mit abwechselnd
Kreuzknoten und
Überhandknoten. Topf von
Charlie Brown

Wie der Untersatz begonnen
wird

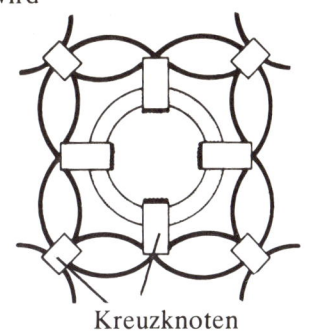

Kreuzknoten

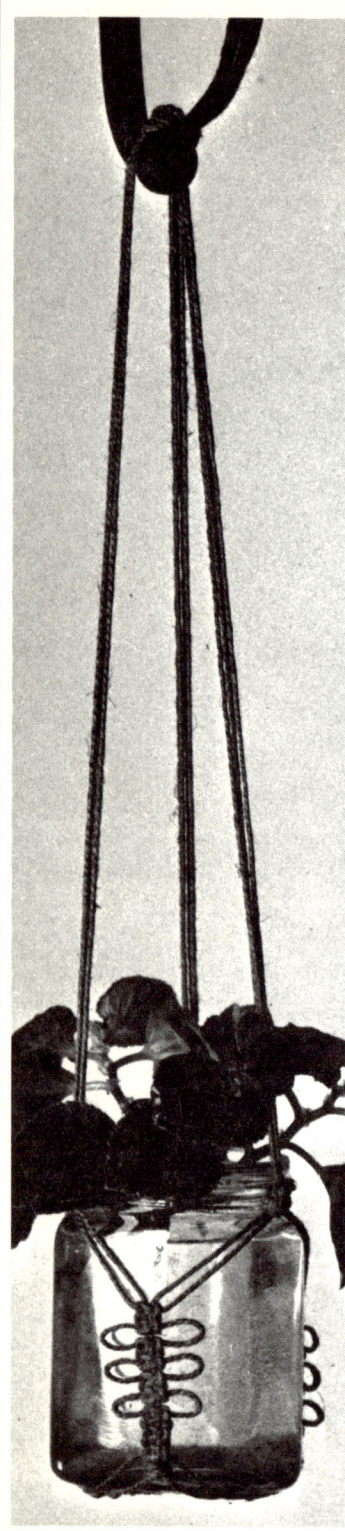

Hängevase

Material:
Marlleine. Der Behälter ist ein sechskantiges Marmeladenglas

Knoten:
Kreuzknoten, Überhandknoten, Picot

Stränge:
6 Stränge, jeweils 3 m lang (zugeschnitten)

Anleitung:
Verflechten Sie vier Stränge mit den Schlaufen-Strängen. Knüpfen Sie mit allen vier Strängen ein Knotenband von 5 Kreuzknoten.
|: Nehmen Sie die zwei äußeren Stränge, und lassen Sie 2,5 cm Zwischenraum. Machen Sie einen Überhandknoten. Nehmen Sie jeweils einen Kernstrang von zwei Kreuzknoten, und knüpfen Sie einen Kreuzknoten unter den Überhandknoten. Als nächstes machen Sie 3 Picot-Knoten (Seite 42) und enden mit 1 Kreuzknoten. :|
Wiederholen Sie von |: bis :| mit den anderen Strängen. Dann nehmen Sie zwei Stränge von jedem Knoten, lassen 5 cm Zwischenraum, und binden mit vier Strängen einen Überhandknoten. Machen Sie zwei weitere Überhandknoten mit den anderen Strängen.

Abschluß:
Etwa 70 cm vom letzten Knoten entfernt nehmen Sie die Stränge zusammen und machen einen Überhandknoten, an dem sie die Vase aufhängen.

Hängevase mit Picots

Wie der Untersatz begonnen wird

Kübeltasche

Dieser Entwurf ergibt ein nützliches, hübsches Makramee-Stück und dient dazu, den doppelt und in Wechseltechnik benutzten Kreuzknoten einzuführen. Es ist hierbei wichtig, die Knoten in regelmäßigen Abständen zu setzen.
Abb. unten:
Arbeit an den beiden Seiten der Kübeltasche.

Größe:
37,5 cm breit in der Mitte, 62,5 cm lang einschließlich Griffe und Kante

Material:
Mexikan. Ixtle. Grün und rosa. Dieser Bindfaden ist in Papierwarengeschäften erhältlich. Zwei Ringe oder Armreifen. Wenn Sie zwei gleichfarbige Reifen bekommen können, brauchen sie nicht mit Knoten bedeckt zu werden.

Knoten:
Halbschlag, Umgekehrter Doppelschlag, Kreuzknoten und Doppelkreuzknoten in abwechselnden Reihen

Stränge:
Rosa – 18 Stränge, jeder 4 m lang (geschnitten)
Grün – 18 Stränge, jeder 4 m lang (geschnitten)
2 Extra-Stränge, einen in jeder Farbe, jeweils 1 m lang, um die Reifen zu bedecken

Das Aneinanderfügen der beiden Seiten an der Kante des Knüpfbretts

Anmerkung:
Benutzen Sie ein langes, schmales Knüpfbrett, da es zwischen die beiden Seiten des Werkstücks geschoben wird. Befeuchten Sie jeden Knoten, den Sie machen, mit feuchten Fingerspitzen, aber achten Sie darauf, daß die Knoten nicht zu naß werden, sonst teilen sich die Garnfasern.

Anfang:
Bedecken Sie einen Reifen teilweise mit rosa Garn, indem Sie den Halbschlag knüpfen. Befestigen Sie 10 rosa Stränge (d. h. 5 Stränge doppelt gelegt) mit dem Umgekehrten Doppelschlag. Befestigen Sie 16 grüne Stränge (8 Stränge doppelt gelegt) auf die gleiche Weise, dann weitere 10 rosa Stränge. Füllen Sie den restlichen Reifen mit Halbschlägen in Rosa auf. Wiederholen Sie das gleiche mit dem zweiten Reifen, nur daß Sie die Farbfolge umkehren.

Die fertige Tasche

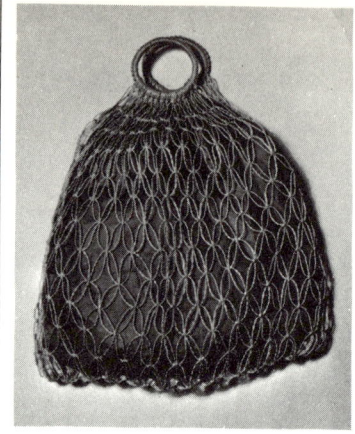

Herstellung von Halbschlägen auf dem Reifen für den Taschengriff

Knüpfmuster: Doppelkreuzknoten in Wechselreihen

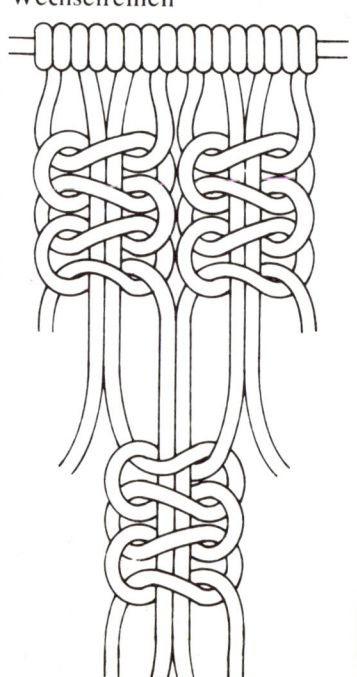

Anleitung:
Arbeiten Sie jede Seite wie folgt: 2 Reihen Kreuzknoten im Wechsel. Knüpfen Sie sie fest aneinander. Dann 1 Reihe Doppelkreuzknoten im Wechsel (siehe Zeichnung). Lassen Sie ca. 2 cm Zwischenraum, und machen Sie eine 2. Reihe Doppelkreuzknoten im Wechsel.

Stecken Sie die zwei Seiten nebeneinander fest, und machen Sie auf jeder Seite 3 weitere Reihen von Doppelkreuzknoten im Wechsel.

Jetzt verbinden Sie die beiden Seiten miteinander, wie auf dem Foto gezeigt, und benutzen dafür die Kante des Knüpfbretts. Von diesem Punkt an liegt das Werkstück auf beiden Seiten des Knüpfbretts. Knüpfen Sie weiter, bis die Gesamtlänge der Tasche erreicht ist.

Abschluß:
Wenn Sie alle Knoten unten auf die gleiche Ebene gebracht haben, bringen Sie beide Seiten, Knoten für Knoten, auf den gleichen Stand. Binden Sie jeweils Bündel von 8 Strängen mit einem Überhandknoten zusammen, und lassen Sie einige Zentimeter hängen. Oder drehen Sie die Tasche von innen nach außen, binden Sie auf der Innenseite einen Überhandknoten, und schneiden Sie das überschüssige Garn dicht unter dem Knoten ab.

Patio-Gehänge

Einfache Knotenbänder bekommen eine neue Dimension, wenn sie in Vielzahl verwendet werden; der Struktureffekt kann durch Kombination mit anderen Materialien noch erhöht werden.

Die beiden auf dieser und der folgenden Seite gezeigten Behänge kombinieren Makramee mit Raku-Keramik und sind Beispiele dafür, wie die Arbeit eines Künstlers die eines anderen betonen und unterstützen kann. Diese Konstruktionen wurden für eine Kunstausstellung hergestellt, die mein Freund Charlie Brown und ich im Signature Shop in Atlanta, Georgia, veranstalteten.

Charlie Brown, ein bekannter Keramiker aus Florida, hatte mir ein Sortiment an Raku-Perlen, Kugeln und Scheiben geschickt, um sie mit Makramee zu verarbeiten. Die Überlegungen beim Entwurf dieser Arbeiten bezogen sich auf das richtige Gleichgewicht und die Verteilung der Raku-Erzeugnisse unter besonderer Berücksichtigung der Beschaffenheit ihrer Oberflächenstruktur und ihrer verschiedenen Größen. Hierfür war ein schweres Garn erforderlich, außerdem ein dunkelfarbiges, um die Rauch-Schattierungen der gebrannten Keramik zu ergänzen. Es wurde Marlleine verwendet, und zwar wegen ihrer Struktur, ihrer Farbe und ihrer Dauerhaftigkeit.

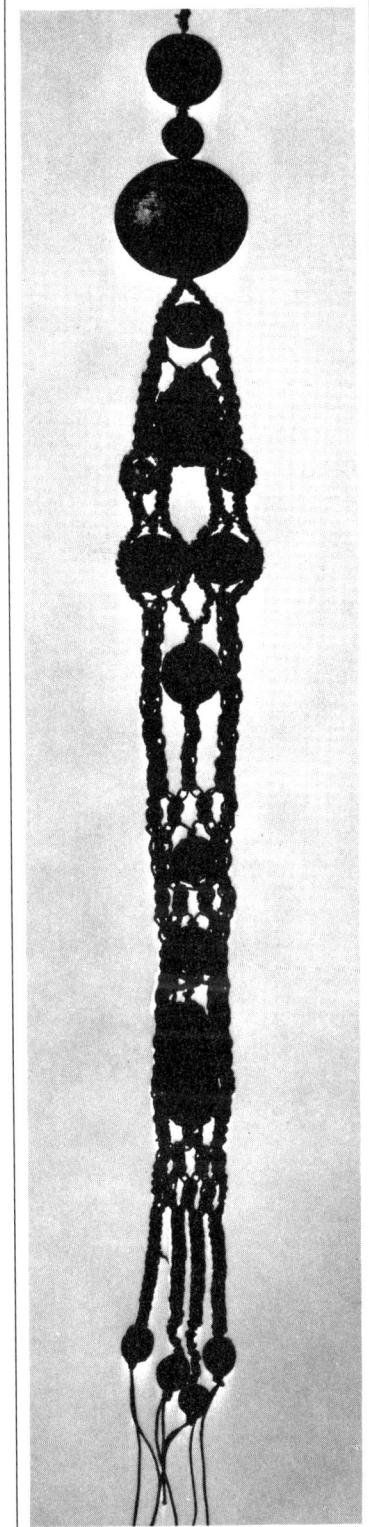

Es ergaben sich gewisse
Grenzen beim Entwurf des
Musters aufgrund der
ungleichen Verteilung der
mir zur Verfügung stehenden
Raku-Stücke. Für das Patio-
Gehänge auf Seite 61 wählte
ich neun Perlen einer Größe,
sieben Perlen einer anderen
Größe, drei rhombenförmige
Perlen, eine Extra-Perle und
eine Scheibe aus.
Der Entwurf für die Perlen
sah vor, eine ungerade
Anzahl von ihnen oben in
einer Reihe anzubringen und
dann mehrere Reihen zu
knüpfen, bevor zwei weitere
in der Mitte hinzugefügt
wurden, um dann die Scheibe
genau in die Mitte darunter
zu setzen. Von diesem Punkt
an wurde der Arbeitsbereich
in drei Teile geteilt und die
übrigen Perlen wie gezeigt
eingearbeitet. Der Behang ist
aus Knotenbändern geknüpft
– vorwiegend mit drei
Knoten: Kreuzknoten,
Überhandknoten und
Umgekehrtem
Doppelschlag.

Das zweite Gehänge rechts,
obgleich ebenso entworfen,
wurde nicht als Wandbehang
gearbeitet, sondern als
freihängende Form. Auch
hier machte ich einen
Entwurf mit einer ungeraden
Anzahl von Raku-Stücken.
Die beiden größten Perlen
wurden für das Kopfstück
ausgewählt und eine kleine,
flache Scheibe
dazwischengesetzt. Von
diesem Punkt an begann das
Knüpfen. Zusätzliche Stränge
aus Marlleine wurden an
verschiedenen Stellen
hinzugefügt, um die für die
Plazierung der Perlen
erforderliche Breite zu
erhalten. Dieses Werkstück
wurde mit einfachen
Knotenbändern aus
Kreuzknoten und
Überhandknoten geknüpft.

Knotenbänder aus mehreren
Strängen kombiniert mit
Raku-Perlen und Scheiben
wurden zu diesen Patio-
Gehängen verarbeitet.
Aus der Sammlung des
Signature Shop, Atlanta,
Georgia.
Raku-Stücke von Charlie
Brown.

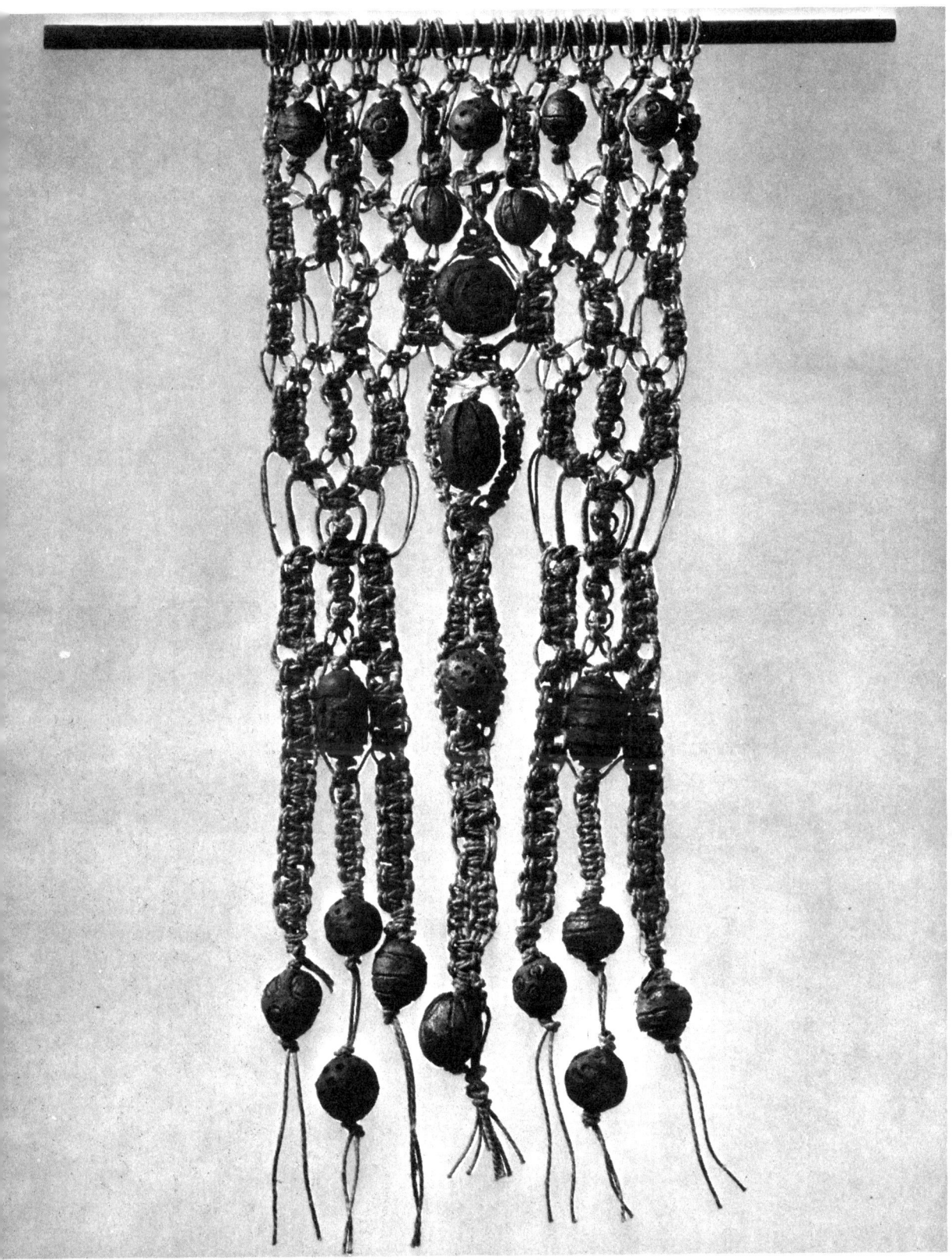

Platzdecke

Der Kreuzknoten in wechselnden Reihen ist der bestimmende Knoten in dieser Arbeit, ebenso wie bei der Kübeltasche (siehe S. 59), aber hier wird enger geknüpft und damit eine völlig andere Wirkung erreicht. Die Knotenträgerschnur ist in die Kanten-Kreuzknoten eingearbeitet, so daß keine losen Stränge herausragen: ein Beispiel für fachmännische Arbeit und hervorragende Kunstfertigkeit.

Orangefarbene Platzdecke
32,5 cm × 50 cm

Abb. links:
Ausschnitt vom Anfang,
obere linke Ecke, welche die
Variationen der verwendeten
Knoten zeigt

Größe 32,5 cm × 50 cm

Material:
Leinengarn fünffach,
orangefarben

Knoten:
Kreuzknoten und
Doppelschlag

Stränge:
52 Stränge, jeweils 5,5 m
lang (geschnitten)
Grundschnur:
4 m lang

Anmerkung:
Die Grundschnur ist
gleichzeitig
Knotenträgerschnur und
wird, nachdem sie für eine
Reihe Horizontaler
Doppelschläge benutzt
wurde, in die Kanten-
Kreuzknoten und längs der
gesamten Kante
eingearbeitet, bis sie wieder
für die nächste Reihe
Horizontaler Doppelschläge
benötigt wird. Dies ergibt
dann drei Kernstränge, wie in
der Zeichnung auf Seite 66
dargestellt.

Anfang:
Binden Sie etwa 2 cm
einwärts auf der Grundschnur
einen Überhandknoten.
Stecken Sie den Knoten auf
dem Knüpfbrett fest, und
zwar genau vor Beginn eines
Quadrats von 2 oder 3 cm
Kantenlänge und auf einer
horizontalen Richtlinie.
Unter Verwendung
sämtlicher Stränge knüpfen
Sie nun eine Reihe
Horizontaler Doppelschläge
(Kopfstück 2, S. 42). Drehen
Sie um und machen Sie eine
weitere Reihe Horizontaler
Doppelschläge.

Knüpfmuster: Kreuzknoten
im Wechsel

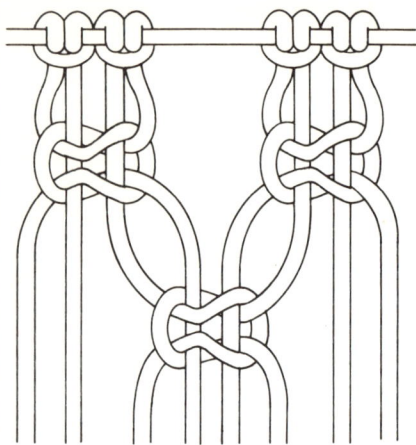

Kreuzknoten mit drei
Kernsträngen. Der dritte
Strang ist Trägerschnur und
wird in die Kanten-
Kreuzknoten eingearbeitet,
bis er wieder gebraucht wird.

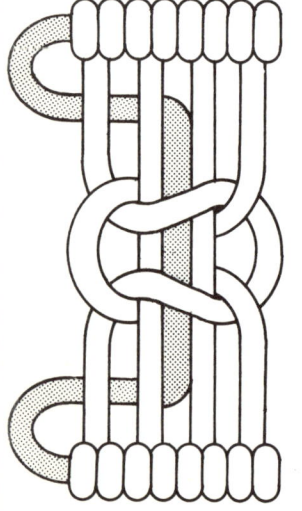

Anleitung:
1 Reihe Doppelkreuzknoten
1 Reihe Horizontale
Doppelschläge
3 Reihen Kreuzknoten im
Wechsel
1 Reihe Horizontale
Doppelschläge
1 Reihe Dreifache
Kreuzknoten
(Knotenbänder)
1 Reihe Horizontale
Doppelschläge
5 Reihen Kreuzknoten im
Wechsel
1 Reihe Horizontale
Doppelschläge
|: 7 Reihen Kreuzknoten im
Wechsel
1 Reihe Horizontale
Doppelschläge :|
Wiederholen Sie von |: bis :|
siebenmal.
1 Reihe Horizontale
Doppelschläge
5 Reihen Kreuzknoten im
Wechsel
1 Reihe Horizontale
Doppelschläge
3 Reihen Kreuzknoten
1 Reihe Horizontale
Doppelschläge
3 Reihen Kreuzknoten im
Wechsel
1 Reihe Horizontale
Doppelschläge
2 Reihen Kreuzknoten
2 Reihen Horizontale
Doppelschläge

Abschluß:
Weben Sie die Stränge mit
einer Stick- oder Häkelnadel
in die Rückseite ein
(mindestens 2 cm). Schneiden
Sie das restliche Garn ab.
Wenn das Deckchen nicht
flach liegt, stecken Sie es auf
dem Knüpfbrett in Form, alle
2 cm nadeln. Dann
besprühen Sie es leicht mit
Wasser und lassen es
trocknen.

Armreifen und Perlen

Die meisten von uns haben irgendwo Perlen, Knöpfe und interessante Gürtelschnallen im Haus, meist aufgehoben in irgendeinem Kästchen oder einer Dose. Solche Gegenstände können wirkungsvoll mit Makramee kombiniert werden. Einige Möglichkeiten werden hier dargestellt.

Armreifen

Als Urlaubsschmuck zu tragen oder auch als kleines Geschenk geeignet: Hier ist eine einfache Möglichkeit, aus alten Armreifen neue zu machen.

Material:
Rattenschwanz-Kunstseide 1 in Rot, Grau, Dunkelgrün, zwei Armreifen, zwei Glöckchen

Knoten:
Kreuzknoten und Umgekehrter Doppelschlag

Stränge:
Rot und Grün – jeweils 1 Strang, je 3,5 m lang, Grau – 2 Stränge, jeweils 3,5 m lang (geschnitten)

Sortiment an Perlen, Schnallen, Glöckchen, Armreifen und Ringen, die man für Makramee-Arbeiten verwenden kann

Anleitung
für rot-grauen Armreifen:
Halten Sie den Rand des
Reifens zu sich hin und
befestigen Sie das rote Garn
mit Umgekehrten
Doppelschlägen, so daß die
Stränge auf die linke Seite
kommen. Befestigen Sie das
graue Garn auf die gleiche
Weise, nur daß die Stränge
auf der rechten Seite
herauskommen.
Der Armreif wird jetzt als
Kern für den Kreuzknoten
benutzt. Machen Sie rings um
den Reifen Kreuzknoten, bis
er damit bedeckt ist. Ziehen
Sie die Stränge mit einer
Nadel durch die
Anfangsknoten, und stecken
Sie sie hinter mehrere
Knoten, bevor Sie die Enden
abschneiden.

Anleitung
für grün-grauen Armreifen:
Beginnen Sie wie oben,
indem Sie die grünen und
grauen Stränge am Reifen
befestigen. Wechseln Sie die
Farben mit Umgekehrten
Doppelschlägen, bis der
Armreif bedeckt ist.
Befestigen Sie die Glöckchen
an den grünen und grauen
Strängen, bevor Sie die
Strangenden einziehen und
abschneiden.

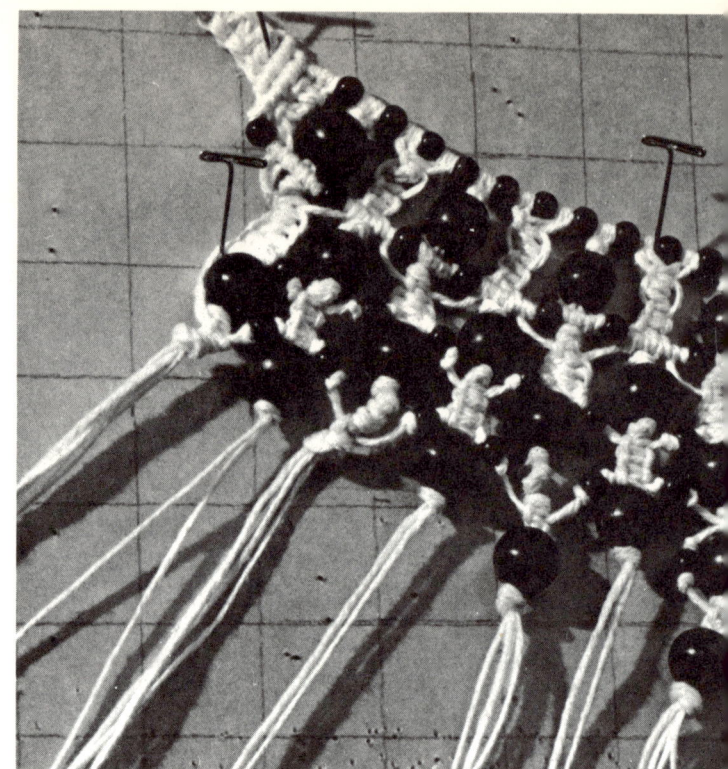

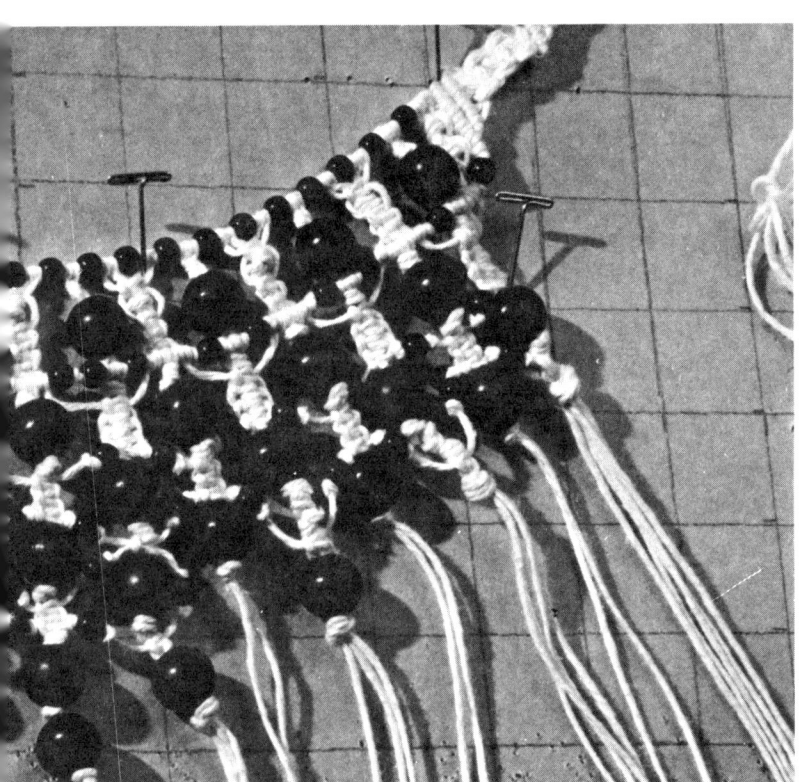

Halsband (Abb. links)

Dieser Entwurf für ein Halsband ist eine einzigartige und reizvolle Möglichkeit, die Perlen einer zerbrochenen Halskette wieder zu verwenden. Sie könnten daraus auch einen perlenverzierten Gürtel oder ein Armband machen. Knöpfe mit Ösen können auf die gleiche Weise verwendet werden.

Material:
Leinengarn fünffach und Perlen in zwei Größen. Die kleinen Perlen werden auf eine Grundschnur aufgezogen und mit Umgekehrten Doppelschlägen abgewechselt. Das Halsband besteht aus Perlen in zwei verschiedenen Größen, Kreuzknoten und Überhandknoten, einer Kombination dieser beiden und dem Halbknoten.

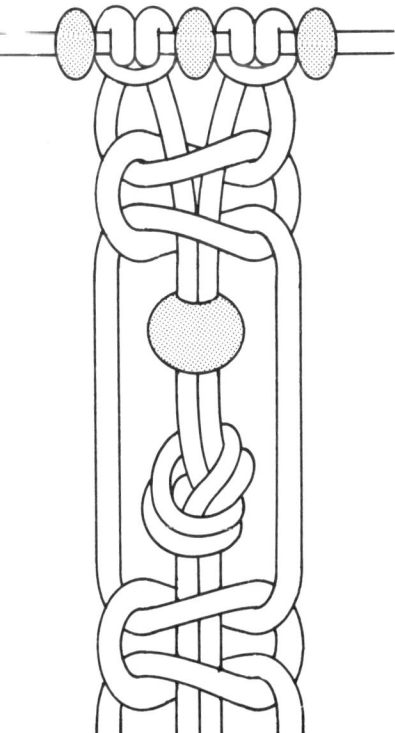

Das Hinzufügen von Perlen:
Wenn Sie Holzperlen hinzufügen und die Löcher sind so klein, daß die Stränge nicht hindurchgeführt werden können, benutzen Sie eine spitze Feile, um die Löcher zu vergrößern. Bestreichen Sie die Strangenden mit Festiger, um sie durch die Löcher zu bekommen.

Eine Möglichkeit, Perlen einzufügen

Raumteiler

Hier werden zwei Varianten des Kreuzknotens benutzt, der eine mit drei doppelt gelegten Strängen, der andere mit vier doppelt gelegten Strängen. Jede Knotenvariante, einzeln oder kombiniert angewendet, ergibt ein einzigartiges und interessantes Muster. Der Raumteiler ist hier 50 cm × 150 cm groß, aber natürlich können Sie die Größe wählen, die Sie benötigen. Vielleicht möchten Sie auch ein anderes Garn verwenden – Jute würde z. B. recht wirkungsvoll sein.

Raumteiler (Abb. rechts), der zwei Kreuzknoten-Varianten aufweist. Das geschlossenere Muster (oberer Teil) verwendet drei doppelt gelegte Stränge wie einen; das offenere Muster (unterer Teil) benutzt vier doppelt gelegte Stränge wie einen.

Handspulen am bearbeiteten Werkstück

70

Größe:
50 cm × 150 cm

Material:
Leinen fünffach. Naturfarben und schwarz. Das Garn wird doppelt verwendet.
Ein 65 cm langer schwarzer Holzstab.

Knoten:
Kreuzknoten und Horizontaler Doppelschlag

Stränge:
Naturfarben – 54 Stränge, jeweils 9 m lang (geschn.)
Schwarz – 48 Stränge, jeweils 9 m lang (geschn.)

Trägerschnur:
Für jede Reihe Horizontaler Doppelschläge schneiden Sie 2 Stränge, jeweils 65 cm lang.

Anmerkung:
Die Kreuzknoten werden mit drei doppelt gelegten Strängen gemacht, wie auf der Zeichnung dargestellt. Fangen Sie die Kreuzknoten immer auf der linken Seite an. Kehren Sie die Richtung jeder Reihe Horizontaler Doppelschläge um, d. h., wenn die erste Reihe auf der linken Seite beginnt, beginnen Sie die nächste Reihe auf der rechten Seite.

Anfang:
Knüpfen Sie eine Reihe Umgekehrte Doppelschläge auf den Holzstab. Machen Sie eine Reihe von Horizontalen Doppelschlägen auf die Trägerschnur unter Verwendung doppelt gelegter Stränge.

Anleitung:
|: 1. Machen Sie 1 Reihe Kreuzknoten.
2. Lassen Sie den ersten Strang auf der linken Seite, und machen Sie 1 Reihe Kreuzknoten:
Jetzt sind zwei freie Stränge links am Ende der Reihe
Wiederholen Sie von |: bis :| 5mal, Ende mit Reihe 1
‖ = Machen Sie 1 Reihe Horizontale Doppelschläge, 1 Reihe Kreuzknoten und 1 Reihe Horizontale Doppelschläge. = ‖
Wiederholen Sie von |: bis :| 10mal, Ende mit Reihe 1
Wiederholen Sie von ‖ = bis = ‖
Wiederholen Sie von |: bis :| 10mal, Ende mit Reihe 1.
Wenn Sie eine offenere Wirkung mit größerer Abstufung erzielen wollen, machen Sie die Kreuzknoten mit vier Strängen, die Sie wie einen benutzen.

Abschluß:
Den Abschluß überläßt man am besten dem persönlichen Geschmack. Man kann sauber abschneiden zu einer Fransenkante oder einzelne Knotenbänder knüpfen. Man kann auch unten einen gleichen Holzstab wie oben verwenden, vor allem, wenn man wünscht, daß das Werkstück in der Breite gestrafft bleibt.

Knüpfmuster

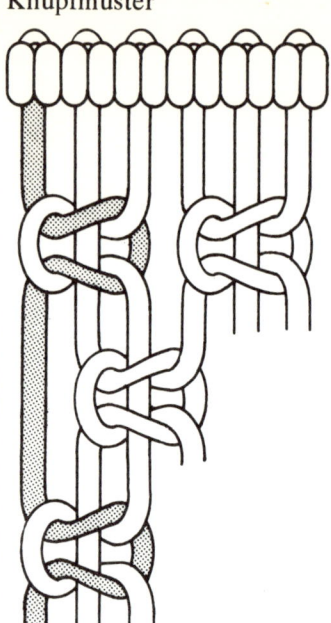

Kissenbezug

Bei diesem Entwurf gibt es zwei interessante Besonderheiten: Zum einen das durch den Kreuzknoten in wechselnden Reihen gebildete Muster, zum anderen die Verwendung zweier Garne, die in der Farbe sehr ähnlich, in der Struktur jedoch völlig verschieden sind. Zwei Muster werden dargestellt, sie können für die Vorder- und Rückseite des gleichen Kissenbezugs oder auch für zwei verschiedene Bezüge genommen werden.

Abb. links:
Vorderseite des roten Kissenbezugs, mit zwei verschiedenen Garnen gearbeitet. Beachten Sie die horizontalen Reihen, welche die Kreuzknoten-Flächen voneinander trennen.

Größe: 25 cm × 25 cm

Material:
Teppichwolle. Rot.
Rattenschwanz-Kunstseide 1,
rot.

Knoten:
Kreuzknoten und
Horizontaler Doppelschlag

Stränge: (geschn.)
Teppichwolle – 24 Stränge,
jeweils 2,40 m
Kunstseide – 12 Stränge,
jeweils 2,50 m

Grundschnur:
Wird auch als
Knotenträgerschnur benutzt.
Schneiden Sie dafür 6 m
Teppichwolle ab.

Anmerkung:
Alle Kreuzknoten in diesem
Werkstück sind
Doppelkreuzknoten. Bevor
Sie zu knüpfen anfangen,
legen Sie sich die Stränge wie
folgt zurecht: 16 Wollstränge,
12 Kunstseidenstränge, 16
Wolle, 12 Kunstseide, 16
Wolle.

Rückseite des roten
Kissenbezugs in
Ausschnittvergrößerung
gezeigt auf S. 50. Beachten Sie
das diagonale Muster,
gebildet von Kreuzknoten,
die in wechselnden Reihen
geknüpft wurden.

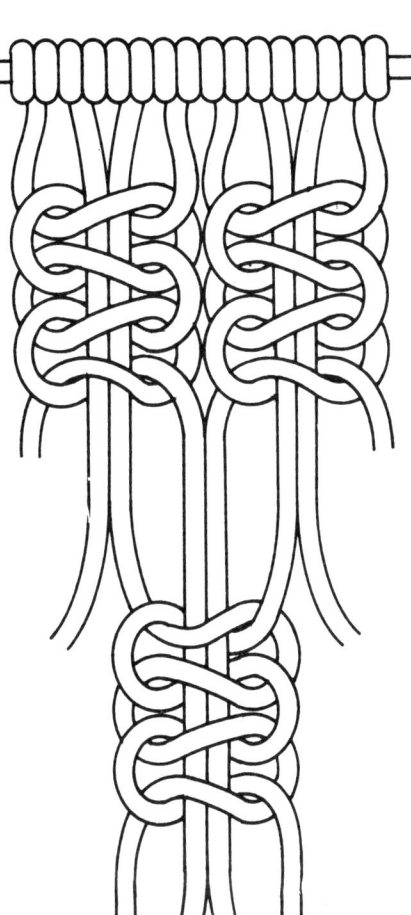

Knüpfmuster:
Doppelkreuzknoten im
Wechsel

Anleitung:
Für die eine Seite des
Kissenbezugs:
|: Knüpfen Sie 2 Reihen
Horizontale Doppelschläge
(Kopfstück 3, S. 42). Machen
Sie kleine Picots.
Drehen Sie die Arbeit um.
Machen Sie 2 Reihen
Horizontale Doppelschläge.
Drehen Sie die Arbeit wieder
um. Machen Sie 1 Reihe
Horizontale Doppelschläge :|
‖ = 1 Reihe
Doppelkreuzknoten
1 Reihe Kreuzknoten im
Wechsel. An jedem Ende
dieser Reihe machen Sie 2
Umgekehrte Doppelschläge.
1 Reihe Doppelkreuzknoten,
1 Reihe Horizontale
Doppelschläge.
Drehen Sie die Arbeit um.
Machen Sie 1 Reihe
Horizontale Doppelschläge.
Drehen Sie die Arbeit wieder
um. Machen Sie 1 Reihe
Horizontale
Doppelschläge. = ‖
Wiederholen Sie von ‖ = bis
= ‖ 4mal.
Wiederholen Sie die ersten 3
Reihen von Kreuzknoten.
Wiederholen Sie von |: bis
:|.
Damit ist die erste Seite
fertig.
Setzen Sie die Knüpfarbeit
für die zweite Seite fort:
Machen Sie 27 Reihen
Doppelkreuzknoten im
Wechsel, wie in der
Zeichnung dargestellt.

Abschluß:
Ziehen Sie jeweils zwei
Stränge auf der Innenseite
durch die Anfangsschlaufen,
und führen Sie sie dann mit
einer Nadel durch die
Horizontalen Doppelschläge.
Schneiden Sie die
überschüssigen Garnenden
ab. Nähen Sie eine Seite zu.
Drehen Sie den Bezug um,
stecken Sie das Kissen hinein,
und nähen Sie die vierte
Seite zu.

Zwei Muster-
beispiele aus Mitla

Die Art, in der die Knoten geknüpft werden, bestimmt die Dichte festgezogener, geknüpfter Flächen oder die Offenheit ungeknüpfter Flächen. Zwei Beispiele für offene Knüpfarbeit werden hier gezeigt in dem farbenfrohen Bindegürtel (S. 78) und der Stola (S. 77). Beides wurde von den Indianern aus Mitla, einer Stadt im Staat Oaxaca in Mexiko, geknüpft. Beide Arbeiten wurden aus handgesponnener Wolle hergestellt, wie der größte Teil der Makramee-Arbeiten aus Mitla. Die Wolle ist zumeist Schafwolle und manchmal gefärbt, für gewöhnlich jedoch natur-belassen.

Stola

Die Stola sieht sehr elegant aus und hat einen Spitzeneffekt. Dieses lockere, luftige Gebilde läßt fast vergessen, daß jedes Detail darin sorgfältig entwickelt wurde. Sehr oft werden diese hübschen Stolen, von den Indianern *rebozos* genannt, in einer ähnlichen Farbkombination wie bei dem Bindegürtel gearbeitet. Auch werden in dieser Gegend Mexikos Stolen wie Bindegürtel durchgehend in der Doppelschlagtechnik geknüpft.

Diese spezielle Stola jedoch ist aus naturfarbener Wolle und in der Mitla-Variante des Halbknotens gearbeitet, um die halb-rautenförmigen Streifen und die Rautenflächen, in denen weitere Rauten enthalten sind, zu bilden. In den Mittelpunkt der kleinen Rauten wurden Überhandknoten gesetzt, wodurch noch eine weitere Technik demonstriert wird, offene Zwischenräume zu schaffen.

Die Fransenkante wurde Reihe für Reihe gemacht, unter Verwendung eines Überhandknotens in einer Wechselanordnung, um jede Stranggruppe zu binden.

Abb. rechts:
Ausschnitt aus einer Stola in naturfarbener, handgesponnener Wolle – ein Beispiel für offene Makramee-Arbeiten aus Mitla

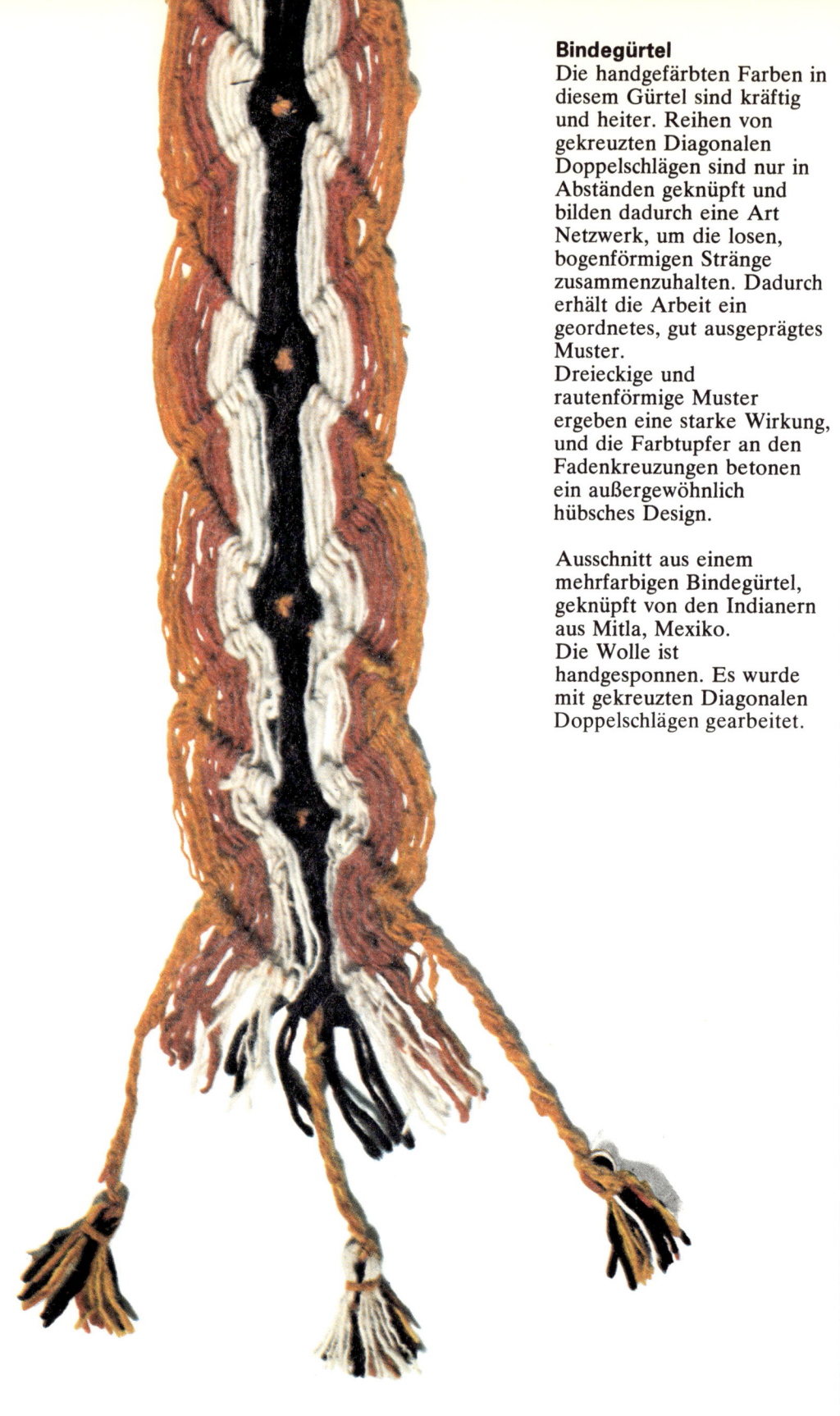

Bindegürtel

Die handgefärbten Farben in diesem Gürtel sind kräftig und heiter. Reihen von gekreuzten Diagonalen Doppelschlägen sind nur in Abständen geknüpft und bilden dadurch eine Art Netzwerk, um die losen, bogenförmigen Stränge zusammenzuhalten. Dadurch erhält die Arbeit ein geordnetes, gut ausgeprägtes Muster.
Dreieckige und rautenförmige Muster ergeben eine starke Wirkung, und die Farbtupfer an den Fadenkreuzungen betonen ein außergewöhnlich hübsches Design.

Ausschnitt aus einem mehrfarbigen Bindegürtel, geknüpft von den Indianern aus Mitla, Mexiko.
Die Wolle ist handgesponnen. Es wurde mit gekreuzten Diagonalen Doppelschlägen gearbeitet.

Bindegürtel 1 (Jute-Gürtel)

Um einen Gürtel nach Art der Mitla-Indianer zu machen, verwendet man den Diagonalen Doppelschlag und den Kreuzknoten mit mehreren Strängen. Diese Kombination ist eine sinnvolle und attraktive Möglichkeit, eine offene Wirkung und ein interessantes Muster zu erzielen. Das Ergebnis ist ein hübscher Gürtel, der ein wenig den Charakter einer grob gewebten Arbeit hat.

Größe:
5 cm × 2 m, einschl. der Fransen

Material:
1 Kegel Jute-Tone. 1 Kalkweiß

Knoten:
Horizontaler und Diagonaler Doppelschlag, Kreuzknoten mit 10 Strängen, Doppelkettenknoten

Stränge:
7 Stränge, jeweils 9 m lang (geschnitten). Keine Grundschnur

Anleitung:
Für die Anfangsfransen machen Sie 20 cm lange Doppelketten-Knotenbänder mit je zwei Strängen – siehe Beispiel 9, S. 34–35.
Von den mittleren zwei Strängen nehmen Sie einen Strang nach rechts und machen Horizontale Doppelschläge die Reihe durch und wieder zurück bis zur Mitte. Wiederholen Sie das gleiche auf der linken Seite.

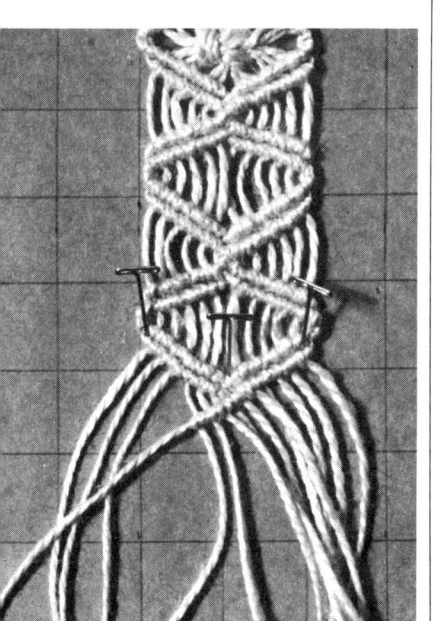

Der Gürtel ist auf dem Knüpfbrett und längs der Richtlinien festgesteckt, um die richtige Breite einzuhalten. Beachten Sie die Methode des Kreuzens für Diagonale Doppelschläge.

Muster:

|: Machen Sie eine Raute mit 2 Reihen Diagonaler Doppelschläge :|

|| = Machen Sie die obere Hälfte einer Raute. Mit den mittleren zehn Strängen machen Sie einen Kreuzknoten, indem Sie 2, 6, 2 benutzen. Vollenden Sie die Raute. = ||

(Zur Erinnerung: 2, 6, 2 bedeutet, daß man zwei Stränge auf jeder Seite benutzt und 6 Stränge die Kernstränge bilden.)

Wiederholen Sie von |: bis :|
Wiederholen Sie von || = bis = || 3mal
Wiederholen Sie von |: bis :| 3mal
Wiederholen Sie von || = bis = || 5mal
Wiederholen Sie von |: bis :| 3mal
Wiederholen Sie von || = bis = || 3mal
Wiederholen Sie von |: bis :| 3mal
Wiederholen Sie von || = bis = || 3mal
Wiederholen Sie von |: bis :| 3mal
Wiederholen Sie von || = bis = || 3mal
Wiederholen Sie von |: bis :| 3mal
Wiederholen Sie von || = bis = || 5mal
Wiederholen Sie von |: bis :|

Abschluß:
Wiederholen Sie die 2 Reihen Diagonale Doppelschläge, die Sie am Anfang gemacht haben, sowie die 20 cm langen Doppelketten-Knotenbänder mit je zwei Strängen.

Abb. unten:
Mehrfarbiger Gürtel mit
Knöllchen. Das Werkstück ist
auf beiden Seiten mit dem
Diagonalen Doppelschlag
gearbeitet. Die erhöhten
Diagonalflächen sind durch
Knüpfen auf der rechten
Seite entstanden, das
zierlichere Muster durch
Knüpfen auf der Rückseite.

Bindegürtel 2 (Mehrfarbiger Gürtel)

Dieser lebhafte, dreifarbige Gürtel in wiederholtem Diagonalmuster wird vorwiegend mit dem Diagonalen Doppelschlag, eng geknüpft auf beiden Seiten, gearbeitet. Ein zusätzliches Element dieses Gürtels sind die dekorativen Knöllchen.

Diesen Gürtel können Sie so lang machen, wie Sie wollen, indem Sie das Muster weiter wiederholen.

Material:
Leinen fünffach. Orange. Teppichwolle. Rosa und Schwarz

Knoten:
Diagonaler Doppelschlag, Kreuzknoten, Überhandknoten und Knöllchen

Breite:
Rosa und Orange – jeweils 4 Stränge
Schwarz – 2 Stränge
Setzen Sie die Stränge wie folgt, und stecken Sie jede Schlaufe fest:
2 schwarze, 4 rosa, 8 orange, 4 rosa, 2 schwarze. Lassen Sie 35 cm frei, bevor Sie zu knüpfen beginnen.

Anleitung:
Anfang: Machen Sie mit dem äußeren schwarzen Strang Diagonale Doppelschläge bis zur Mitte. Wiederholen Sie dies mit dem schwarzen Strang auf der anderen Seite. Kreuzen Sie die beiden Stränge, wenn sie sich begegnen, und fahren Sie in dieser Weise 3 weitere Reihen fort, wodurch vier rosa Stränge in die Mitte kommen.

Machen Sie mit den vier mittleren rosa Strängen eine Knolle, indem Sie 5 Kreuzknoten knüpfen (siehe Zeichnung S. 84).

Jetzt machen Sie weitere 8 Reihen mit dem Diagonalen Doppelschlag. (Dies bringt die vier schwarzen Stränge in die Mitte).

Machen Sie eine Knolle mit 5 Kreuzknoten.

Drehen Sie das Werkstück um. Machen Sie 8 Reihen Diagonale Doppelschläge. Drehen Sie das Werkstück um. Machen Sie eine orangefarbene Knolle.

Wiederholungs-Muster:
|: Drehen Sie das Werkstück um. Machen Sie 10 Reihen Diagonale Doppelschläge.:|
Wiederholen Sie von |: bis :|, bis der Mittelteil die gewünschte Länge hat.

Anmerkung:
Achten Sie darauf, daß Sie das Werkstück alle 10 Reihen umdrehen.

Anleitung für den Schlußteil:
Machen Sie eine orangefarbene Knolle. Drehen Sie das Werkstück um, und machen Sie 6 Reihen Diagonale Doppelschläge. Drehen Sie das Werkstück um, und machen Sie eine rosa Knolle.
Drehen Sie das Werkstück um, und machen Sie 4 Reihen Diagonale Doppelschläge.
Drehen Sie das Werkstück auf die Vorderseite, und machen Sie 2 Reihen Diagonale Doppelschläge. Machen Sie eine schwarze Knolle. Fahren Sie fort mit Diagonalen Doppelschlägen, bis es insgesamt 10 Reihen sind.

Abschluß:
Machen Sie Kreuzknotenbänder mit frei bleibenden Strangenden, die Sie mit einem Sammelknoten zusammenbinden.

Herstellung eines Knöllchens

Knollen können in jeder gewünschten Größe gemacht werden, indem man die Länge des Kreuzknotenbandes verändert. Sie können ebenfalls mit Mehrstrang-Kreuzknoten gemacht werden. Siehe Zeichnung, auf der die Herstellung einer Knolle dargestellt ist.

Knolle:
Machen Sie mit 3 oder mehr Kreuzknoten ein Knotenband. Bringen Sie die Kernstränge hinauf an den Anfang des Knotenbands, zwischen die Stränge 2 und 3, und ziehen Sie sie durch die mit X markierte Öffnung. Hierzu kann eine Häkelnadel erforderlich sein. Ziehen Sie die Kernstränge fest herunter, um die Knolle zu vollenden. Knüpfen Sie weiter die vom Muster vorgeschriebenen Knoten.

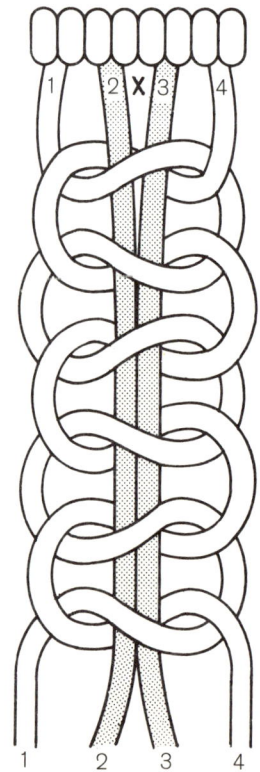

Gürtel 1

Zwei Gürtel werden hier vorgestellt. Bei dem ersten werden Sie eine weitere Technik kennenlernen: das Hinzufügen von Extra-Strängen, um ein Werkstück zu verbreitern.

Fertige Länge:
85 cm (Für einen längeren oder kürzeren Gürtel verlängern oder verkürzen Sie die Musterflächen.)

Material:
Leinen fünffach. Naturfarben. Zwei Schlingenschnallen.

Stränge:
6 Stränge, jeweils 8 m lang (geschnitten)

Knoten:
Kreuzknoten und Horizontaler Doppelschlag

Anfang:
Für den Anfang des Gürtels siehe Zeichnung links.

Anleitung:
|:Machen Sie 6 Reihen Kreuzknoten im Wechsel. Machen Sie 6 Reihen Doppelkreuzknoten im Wechsel. Machen Sie drei Knotenbänder aus jeweils 6 Kreuzknoten. Machen Sie 6 Umgekehrte Kreuzknoten auf den beiden End-Strängen auf jeder Seite. Machen Sie zwei Knotenbänder aus jeweils 6 Kreuzknoten unter Verwendung der verbleibenden 8 Stränge. Machen Sie drei Knotenbänder aus jeweils 6 Kreuzknoten. :|
Wiederholen Sie von |: bis :| Machen Sie 6 Reihen Kreuzknoten im Wechsel. Machen Sie 6 Reihen Doppelkreuzknoten im Wechsel. Machen Sie drei Knotenbänder aus jeweils 6 Kreuzknoten.

Abschluß:
Lassen Sie etwa 15 cm Strangenden übrig, den Rest schneiden Sie ab. Legen Sie die Stränge über die Schlingenschnallen, wobei Sie die Rückseite des Gürtels vor sich haben. Ziehen Sie jeweils vier Stränge durch jeden Kreuzknoten. Knüpfen Sie je zwei Stränge mit einem Überhandknoten zusammen. Schneiden Sie das restliche Garn ab.
Wenn Sie den Anfang des Gürtels durch die Schlinge ziehen, wird sich die rechte Seite zeigen.

Anfang des Gürtels 1 (unten). Machen Sie mit vier Strängen Kopfstück 5 (S. 34). Legen Sie einen neuen Strang über den Kreuzknoten. Knüpfen Sie ihn mit einer Reihe Horizontaler Doppelschläge ein, unter Verwendung sämtlicher Stränge. Nehmen Sie einen weiteren neuen Strang, und fahren Sie auf diese Weise fort, bis es zwölf Stränge sind.

Der letzte Teil von Gürtel 1. Der letzte Teil von Gürtel 2.

Gürtel 2

Sie können diesen Gürtel in jeder gewünschten Länge machen, wenn Sie den Anweisungen folgen.

Material:
40/12 Leinentau.
Naturfarben.

Knoten und Schlüssel:
Horizontaler, Diagonaler und Umgekehrter Doppelschlag = HDS, DDS und UDS
Kreuzknoten mit mehreren Strängen = KK
Diagonaler Doppelschlag, in der Mitte gekreuzt = DDSX

Breite:
Schneiden Sie 8 Stränge.

Anfang:
Folgen Sie der Zeichnung.

Anleitung:
3 Reihen DDSX, 5 Reihen DDS
|: 3 KK in der Mitte, geknüpft 2, 4, 2. Machen Sie auf jeder Seite 5 Reihen DDS, mit vier Strängen geknüpft. :|
2 Reihen DDSX
Wiederholen Sie von |: bis :|
|| = 4 Reihen DDSX = ||
Wiederholen Sie von |: bis :|.
Wiederholen Sie von || = bis = ||
§ Machen Sie zwei Knotenbänder von jeweils 3 Kreuzknoten, jeweils 2, 4, 2 geknüpft. Fügen Sie einen KK hinzu, mit den mittleren Strängen, 2, 4, 2 geknüpft. §
Wiederholen Sie von || = bis = || und von |: bis :| so oft, bis der Rückenteil die gewünschte Länge hat, aber enden Sie mit || = bis = ||.
Wiederholen Sie von § bis § – || = bis = || – |: bis :| – || = bis = || – |: bis :| – || = bis = || – |: bis :|
1 Reihe DDSX, 3 Reihen DDS, 4 Reihen DDSX.
1 Reihe HDS wie folgt: Kreuzen Sie die Stränge in der Mitte; nehmen Sie einen Strang horizontal zur rechten und einen Strang horizontal zur linken Seite.

Abschluß:
Legen sie alle Stränge über die rechte Schnalle. Ziehen Sie jeden Strang durch auf die Rückseite in die Reihe der HDS. Binden Sie jeweils vier Stränge in einem sehr straffen Überhandknoten zusammen. Streichen Sie Leim über den Knoten. Wenn er getrocknet ist, schneiden Sie die Stränge ab.

Der Anfang ist am fertigen Gürtel rechts von der Schnalle deutlich zu sehen.

Anfang des Gürtels 2. Legen Sie sieben Stränge auf die linke Gürtelschnalle, und zwar mit Umgekehrten Doppelschlägen. Machen Sie mit dem restlichen Strang eine Reihe Horizontaler Doppelschläge, wie in der Zeichnung dargestellt.

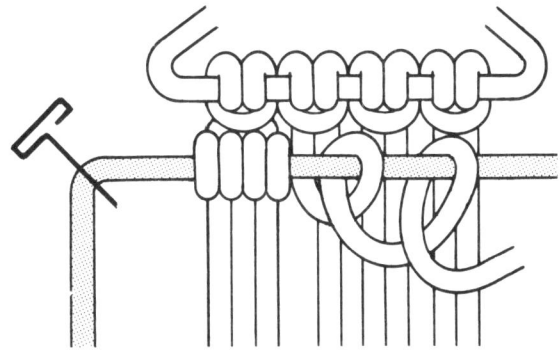

Vorleger (Matten)

Wenn man schweres Leinen und/oder Wolle mit dem Doppelschlag zu einem enggeknüpften Muster verarbeitet, ergeben sich kräftige und dauerhafte Matten und Vorleger. Weil das Knüpfmuster einfach gehalten wird, können Farben in dem Muster eine große Rolle spielen. Beachten Sie bei dem Teilausschnitt des blauen und goldenen Läufers, wie Horizontaler und Vertikaler Doppelschlag ein Schachbrettmuster bilden und wie wirksam die Furcheneffekte dieser Knoten sind. Sowohl die Vorder- als auch die Rückseite werden gezeigt – beide können als rechte Seite dienen. Die Zeichnungen zeigen, wie man die Farben wechselt, um das Muster zu erreichen. Die Anwendung dieses Knotens ermöglicht es auch, auf Millimeterpapier ein Muster aufzuzeichnen. Bevor Sie eine solche Zeichnung machen, stellen Sie Muster her, damit Sie die Anzahl der benötigten Stränge genau kennen. Die Anleitung unten ist für einen Teppich-Teilabschnitt von der Größe 23,75 cm × 37,5 cm. Indem Sie an Länge und Anzahl der Stränge zugeben und durch Wiederholung des Musters können Sie jede gewünschte Größe herstellen. Es ist ebenfalls möglich, einen Läufer zu machen, indem man nur in Teilabschnitten arbeitet und diese dann zusammenfügt. Die Abschnitte können ebenfalls in Quadraten gemacht werden.

Vertikale Doppelschläge werden dazu benutzt, die Farbe von Gold zu Blau zu wechseln.

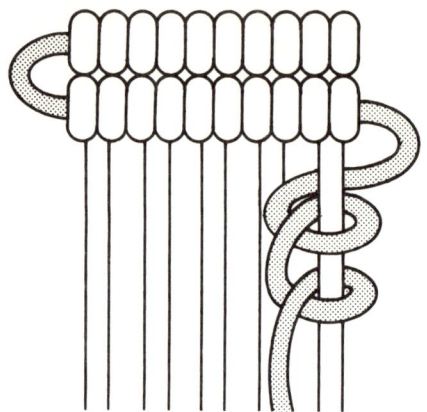

Methode zum Farbwechsel von Blau zu Gold.

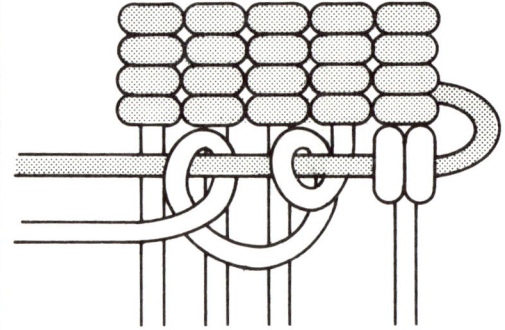

Schlüssel = Horizontale Doppelschläge.
Leere Quadrate = Vertikale Doppelschläge.
Kante – 1 Wiederholen

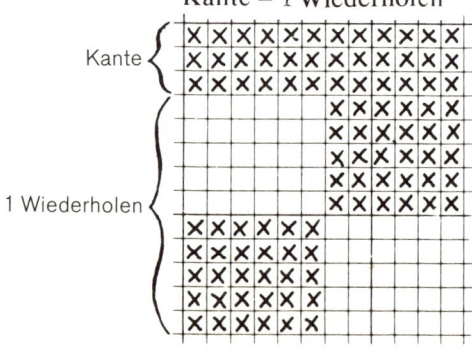

Vorderseite (oben)
Rückseite (unten)

Blaugoldener Läufer

Größe:
23,75 cm × 37,5 cm
Teilabschnitt

Material:
Geklopfte Teppichwolle.
Blau und Gold.

Stränge:
Gold – 42 Stränge, jeweils
3,30 m lang (geschn.)

Grundschnur:
Blau – 203 m lang, wird
ebenfalls als
Knotenträgerschnur benutzt.
Es wird notwendig sein, diese
Schnur zu spleißen, da eine
solche Garnlänge für eine
Rolle zu unhandlich ist.
Schneiden Sie die Schnur in
Teilabschnitte und winden
Sie sie zu Schmetterlingen
auf.

Knoten und Schlüssel:
Horizontaler und Vertikaler
Doppelschlag
= HDS und VDS

Anfang:
Machen Sie 3 Reihen HDS
auf die Grundschnur, siehe
Kopfstück 2 (S. 30, 32).

Anleitung:
|:6 HDS, 6 VDS.
Wiederholen sie 3mal die
Reihe durch.
Enden Sie mit 6 HDS:|
Wiederholen Sie von |: bis :|
5mal.
‖= 6 VDS, 6 HDS.
Wiederholen Sie 3mal die
Reihe durch.
Enden Sie mit 6 VDS = ‖
Wiederholen Sie von ‖= bis
= ‖ 5mal.
Wiederholen Sie von |: bis :|
und von ‖= bis = ‖ 5mal.
Wiederholen Sie von |: bis :|
3 Reihen HDS.

Abschluß:
Drehen Sie das Werkstück
um. Fädeln Sie die Stränge
ein, wie auf dem Foto
gezeigt.

Methode, die Stränge mit
einer Sticknadel einzuziehen

Roter Läufer

Der rote Teppich-Teilabschnitt in drei Farben, der hier gezeigt wird, hat das gleiche Schachbrettmuster wie der blaue und goldene Läufer, aber hier ist die Technik etwas schwieriger. Dieser Läufer unterscheidet sich auch in der Arbeitsweise, wodurch sich eine unterschiedliche Oberflächenstruktur ergibt. Wieder sind die mit dem Doppelschlagknoten möglichen Variationen und Wirkungen augenscheinlich. Die Horizontalen und Vertikalen Varianten werden benutzt, und die Abwandlung wird durch Knüpfen auf der Vorderseite und auf der Rückseite erreicht. Das Endergebnis lohnt durchaus die zusätzliche Mühe. Die Knüpfschnüre sind in zwei Farben, Rot und Altrosa; die dritte Farbe, pflaumenfarben, wird als Knotenträgerschnur benutzt. Dieser Teppich-Teilabschnitt kann nach der nebenstehenden Musterzeichnung gemacht werden.

Abb. links:
Roter Läufer, Teilabschnitt. Jede Farbfläche ist wie in dem Diagramm S. 92 angegeben geknüpft. Beachten Sie, daß das Muster sowohl auf der Vorder- als auch auf der Rückseite gearbeitet wird, um die Struktur interessanter zu gestalten.

Größe:
12,5 cm × 35 cm
Teilabschnitt, einschließlich
der Fransen.

Material:
Geklopfte Teppichwolle,
Altrosa, Rot und pflaumen-
farben.

Stränge (geschn.):
Altrosa – 6 Stränge, jeweils
3,10 m lang.
Rot – 6 Stränge, jeweils
3,10 m lang.
pflaumenfarben – 6 m lang
als Knotenträgerschnur.
Jede Farbfläche wird in der
auf der Zeichnung
verschlüsselt angegebenen
Weise geknüpft.

Schlüssel:
HDS = Horizontale
Doppelschläge
VDS = Vertikale
Doppelschläge

▬▬▬ = HDS auf der
        Vorderseite
        geknüpft –
        1. Farbe

- - - = HDS auf der
        Vorderseite
        geknüpft –
        2. Farbe

● = HDS auf der
     Rückseite
     geknotet –
     1. Farbe

· = HDS auf der
     Rückseite
     geknüpft –
     2. Farbe

❮ = VDS auf der
     Vorderseite
     geknüpft –
     3. Farbe

◐ = HDS auf der
     Rückseite
     geknüpft –
     3. Farbe

Hilfreicher Hinweis:
Um das Problem der
Handhabung großer Mengen
von Garn zu lösen, wenn
man einen größeren
Teppich-Teilabschnitt aus
schwerem Garn macht,
können sie von der Mitte her
knüpfen und von da aus nach
zwei Richtungen hin
arbeiten.
Arbeiten Sie erst in die eine
Richtung. Das bedeutet, daß
die aufgerollten Stränge nicht
so lang und unhandlich sein
müssen, wie sie es wären,
würden Sie den Läufer nur
von einer Seite her knüpfen.
Das Foto oben zeigt die
Methode, den Teilabschnitt
in der Mitte zu beginnen.

Cavandoli-Schlingstich

Die Muster auf diesen beiden Seiten sind Beispiele für mit dem Cavandoli-Schlingstich geknüpfte Makramee-Arbeiten. Information über den Ursprung und Hintergrund dieser Arbeiten finden sie in der Einführung. Diese Arbeiten bestehen aus enggeknüpften Knoten in zwei Farben. Es werden nur Horizontale und Vertikale Doppelschläge verwendet – die ersteren für den Hintergrund, die letzteren für das Muster. Diese Technik ist sehr ungewöhnlich und ermöglicht es Ihnen, geometrische Formen, Bäume, Blumen, Figuren und so weiter zu skizzieren und zu knüpfen, entsprechend Ihrer Geschicklichkeit und Phantasie. Beachten Sie die Vögel und Pflanzen auf der Cavandoli-Borte der italienischen Handtasche (siehe auch S. 11). Ein stilisierter Vogel, abgeleitet von einer mexikanischen Silberbroschenverzierung, wird in dem Diagramm oben rechts dargestellt. Das Diagramm rechts zeigt die Möglichkeit, einen runden Mustereffekt zu erhalten. Die Krümmungen liegen innerhalb der Quadrate und sind nur eine Illusion.

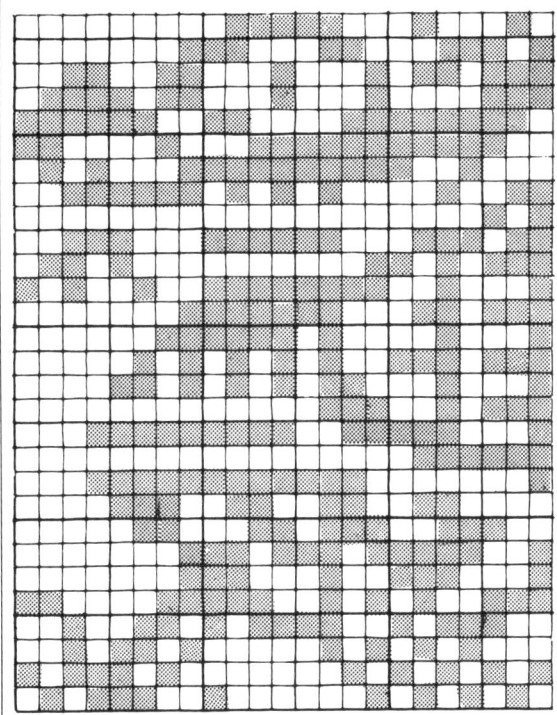

Vogel-Muster

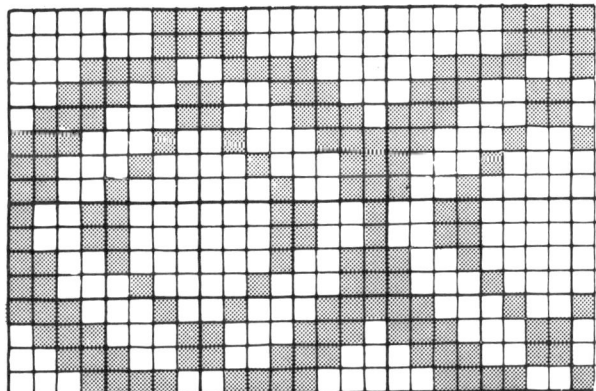

Kreisförmiges Muster

Borten-Kante für eine italienische Handtasche im Cavandoli-Schlingstich. (Die Tasche ist auf S. 11 abgebildet.)

Schwarz-weißer Teppich

Das Diagramm zeigt das Teppichmuster und kann für verschiedene Größen verwendet werden. Es ist die einfachste der drei Musterzeichnungen, der außerdem eine Anleitung beigegeben wird. Auf allen Zeichnungen bedeuten die Kreuze Horizontale Doppelschläge und die leeren Flächen Vertikale Doppelschläge. Beachten Sie, wie der fertige Teppich-Teilabschnitt dem graphischen Muster ähnelt.

Größe:
10 cm × 15 cm Teilabschnitt

Material:
Leinen fünffach. Schwarz. Teppichwolle. Weiß.

Stränge:
Schwarz – 11 Stränge, jeweils 1,20 m lang (geschnitten)

Grundschnur:
Auch Knotenträgerschnur: Weiß, 4 m lang

Anfang:
Befestigen Sie die Stränge auf der Grundschnur wie bei Kopfstück 2 (S. 30, 32). In der ersten Reihe werden die schwarzen Schnüre über die weiße Schnur geknotet. Von da an folgen Sie der Musterzeichnung, so daß Sie manchmal schwarz über weiß und dann wieder weiß über schwarz knüpfen, wie es auf dem Muster eingezeichnet ist.

Abschluß:
Wiederholen Sie die erste Reihe, und machen Sie irgendeine Fransenkante, die Ihnen gefällt. Die Rückseite ist ebenso hübsch, und je nachdem, welche Wirkung Sie bevorzugen, kann die Rückseite auch als Vorderseite benutzt werden.

Geometrisches Muster.
X = Horizontale Doppelschläge; leere Quadrate
= Vertikale Doppelschläge.

Wandbehang oder Tasche

Der hier vorgestellte Entwurf kann auf zweierlei Weise verwendet werden: entweder als Wandbehang oder, wenn die Seiten zusammengefügt werden, als hübsche Handtasche. Wie bei dem Gürtel 2 (S. 86) werden die starken Farben als Kontraststreifen verwendet, die sich in der Mitte begegnen und kreuzen. Die festen Flächen des Musters sind mit dem Diagonalen Doppelschlag geknüpft (S. 39, Diagramm D), während die Relief-Struktur durch den Kreuzknoten gebildet wird.

Größe:
ca. 19 cm × 50 cm

Material:
Teppichwolle. Rot, Weiß und Schwarz.
2 schwarze Holzstangen, 24 cm lang.

Stränge (geschn.):
Rot – 10 Stränge, jeweils 6 m lang
Schwarz – 10 Stränge, jeweils 6 m lang
Weiß – 8 Stränge, jeweils 6 m lang

Knoten:
Kreuzknoten und Diagonaler Doppelschlag

Anfang:
Legen Sie sich zum Knüpfen die Farben wie folgt zurecht: Rot, Weiß, Schwarz. Lassen Sie etwa 10 cm Garn frei, bevor Sie mit jeweils vier Strängen und 6 Kreuzknoten Knotenbänder machen.

Anleitung für den oberen Teil:
Machen Sie 1 Reihe Krcuzknoten.
Lassen Sie zwei Stränge auf jeder Seite aus, und machen Sie 1 Reihe Kreuzknoten. Machen Sie weiter Reihen von Kreuzknoten, und lassen Sie bei jeder Reihe zwei Stränge aus, bis der letzte Kreuzknoten mit den mittleren vier Strängen geknüpft ist. Auf diese Weise wird die dreieckige Fläche gebildet.

Fortsetzung:
Nehmen Sie die
ausgelassenen Stränge, und
machen Sie 20 Reihen
Diagonale Doppelschläge,
wobei sich die Stränge in der
Mitte kreuzen. (Siehe S. 40
bis 41, Winkeltechnik)
Drehen Sie das Werkstück
um. Machen Sie 8 Reihen
Diagonale Doppelschläge, die
sich in der Mitte kreuzen.
Drehen Sie das Werkstück
um. Machen Sie 28 Reihen
Diagonale Doppelschläge.
Die geknüpfte Fläche kommt
jetzt zu einer Spitze. Mit den
auf jeder Seite verbleibenden
Strängen füllen Sie die
Seitenflächen, bis das
Werkstück gerade
abschließt.
Machen Sie
Kreuzknotenbänder wie am
Anfang.
Legen Sie die Knotenbänder
an beiden Enden über die
Holzstangen, und fädeln Sie
die Strangenden ein.

Abschluß:
Füttern Sie die Tasche mit
schwarzem Baumwollstoff
oder mit Stoff in einer
anderen Farbe Ihrer Wahl.
Nähen Sie die Seiten
zusammen.

Taschengriffe:

Material:
Schwarze Wolle

Stränge:
4 Stränge, jeweils 1,20 m
lang (geschnitten)

Anleitung:
Machen Sie mit zwei
Strängen Schlingen, und
befestigen Sie die Stränge mit
dem Umgekehrten
Doppelschlag zwischen der
zweiten und dritten Schlinge
auf der Holzstange. Die
Kernstränge sollten 35 cm
lang sein, die Außenstränge
85 cm lang.

Machen Sie ein Knotenband
aus Kreuzknoten, 30 cm lang.
Schlingen Sie das
Knotenband über die Stange
zwischen den letzten beiden
Schlaufen, und ziehen Sie die
Stränge hindurch, um sie zu
befestigen.
Wiederholen Sie das gleiche
für den zweiten Griff.

Die Arbeit als Wandbehang
verwendet. Oben und unten
mit Holzstäben versehen.

Der gleiche Wandbehang
wird zur Tasche, wenn die
Seiten zusammengenäht und
die Handgriffe befestigt
werden.

Ausschnitt von der fertigen Tasche

Wand behänge Portfolio

Spirit of '76
Amigo
Bill's Folly
Tierfarm
Peking
Empress
Sommersonne
Stately Mansion
Weihnachtsglocken
Cascade
Nachtvogel
Gazebo

Wandbehänge Portfolio

Eine Reihe von Wandbehängen werden von hier bis Seite 121 gezeigt, und ich hoffe, daß diese Makramee-Arbeiten Ihnen helfen werden, Ihre eigenen Entwürfe zu schaffen. Um Ihnen noch mehr zu helfen, wird für »Weihnachtsglocken«, S. 113, die volle Anleitung gegeben. Alle anderen Behänge sind so beschrieben, daß Sie erkennen können, wie die Knoten kombiniert sind und in ihren vielfältigen Variationen weiterentwickelt werden. Beachten Sie, daß die Behänge symmetrisch sind: Was immer auf der einen Seite gearbeitet wurde, erscheint ebenso auf der anderen Seite.

Spirit of '76

Der Wandbehang in roter, weißer und blauer Teppichwolle auf Seite 100 könnte als Übungsarbeit für Winkeltechnik und Farbe betrachtet werden. (Siehe S. 40.) Die hier verwendeten Knoten waren Kreuzknoten und Horizontaler Doppelschlag. Das Werkstück wurde auf einer Holzplatte begonnen und das Knüpfwerk für den Endabschnitt verdoppelt. Die Farben sind alle gleich kräftig, so daß sie einen guten Kontrast bilden, wo sie sich kreuzen. Das Muster wurde einfach gehalten, um jeden Konflikt mit den Farben zu vermeiden. Alle Farben sind leicht zu verfolgen, aber, um das Weiß als Beispiel zu nehmen: Beachten Sie, wie es in der Mitte beginnt, sich nach rechts und links hin teilt, verschwindet und wieder auftaucht, um das Muster zu wiederholen. Bei der Fortsetzung von Horizontalen Doppelschlag-Reihen wurde das Weiß am Ende rechts und links eingearbeitet. Es wurden Knotenbänder von jeder Farbe gemacht und eine Trägerschnur eingefügt, auf welche drei Reihen von Horizontalen Doppelschlägen geknüpft wurden. Die Strangenden wurden sauber abgeschnitten und bilden eine einfache Fransenkante, die gut zu der Schlichtheit dieser Arbeit paßt.

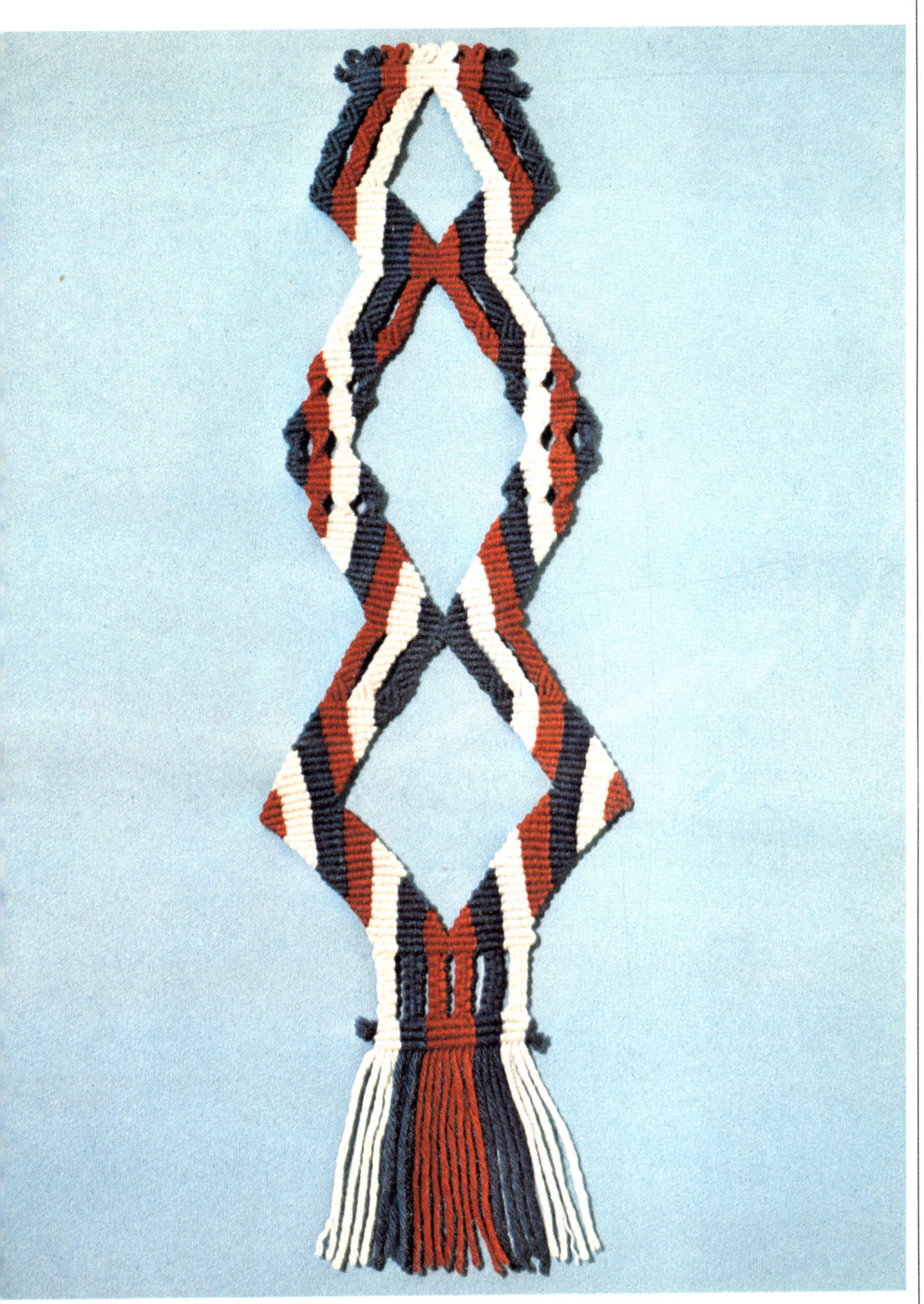

ca. 15,5 cm × 67 cm

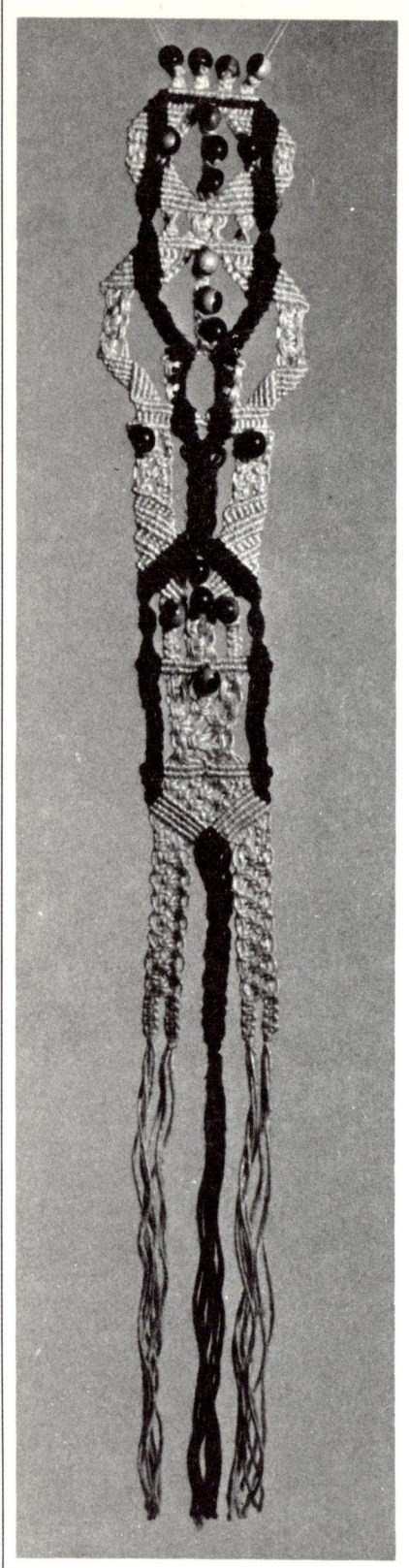

ca. 14 cm × 82,5 cm

Amigo

Die Farben der
handgemachten Holzperlen
aus Morelia, Mexiko,
betonen sehr hübsch das
Muster von »Amigo« (links)
und harmonisieren mit dem
braunen und naturfarbenem
Leinen. Die Perlen wurden
im Kopfstück zusammen mit
Doppelkreuzknoten
verwendet. Das braune
Leinen wurde bei Reihen von
Horizontalen und Vertikalen
Doppelschlägen eingeführt.
Die Perlen in der Mitte
wurden zwischen dreifachen
Kreuzknoten eingefügt. Das
Muster wird dann fortgesetzt
unter Verwendung der oben
angegebenen Knoten und
weiterer Perlen.
Der Abschluß könnte für sich
allein ein schlichtes Stück
sein. Auf zwei Reihen
Horizontaler Doppelschläge
folgt ein Dreieck aus
Kreuzknoten. Diese werden
eingeschlossen von
Diagonalen Doppelschlägen.
Die Knotenbänder zum
Abschluß enden mit
Kreuzknoten und werden mit
einem Sammelknoten
zusammengefaßt.

15 cm × 25 cm

Bill's Folly

Der dreifarbige Wandbehang
(links) ist eine gute Übung für
Anfänger. Es wurden dafür
Kreuzknoten mit mehreren
Strängen und Horizontale
Doppelschläge benutzt.
Dieser Wandbehang könnte
viel Freude machen als
Geschenk oder als Taufgabe.
Die Garne sind natur-
farbenes, fünffaches Leinen
und Teppichwolle.
Die Anfangsstränge wurden
statt auf einer Grundschnur
auf einer flachen
Hartholzleiste befestigt. Die
Seitenteile wurden mit dem
Horizontalen Doppelschlag
geknüpft. Der Mittelteil
wiederholt das Horizontale
Doppelschlag-Muster, und als
zusätzlicher Reiz wurde eine
Knolle eingeknüpft (siehe
S. 84). Zur Rechten und
Linken des Mittelteils wurden
Kreuzknoten mit mehreren
Strängen gemacht, gefolgt
von Reihen von Kreuzknoten
und eine Fläche von
gewinkelten Horizontalen
Doppelschlägen.
Zum Abschluß wurden die
Seiten- und das Mittelteil
durch zwei Reihen
Horizontaler Doppelschläge
zusammengenommen. Es
wurden Knotenbänder aus
Kreuzknoten gemacht, die in
einem Überhandknoten
enden.

Aus der Sammlung der
Penland School of Crafts

ca. 5 cm × 45 cm

Tierfarm

Die drei Wandbehänge auf
nebenstehender Seite wurden
für Kinder gemacht. Ich habe
sie meinem Neffen und
meinen beiden Nichten zu
Weihnachten geschenkt. Das
älteste der Kinder war
damals sechs Jahre alt.
Das hier verwendete Material
war Leinen und leichte
Teppichwolle. Jedes Stück ist
andersartig, aber alle haben
folgende Knoten gemeinsam:
Kreuzknoten,
Überhandknoten,
Umgekehrte, Vertikale,
Diagonale und Horizontale
Doppelschläge und
Knöllchen.
Die Arbeiten wurden auf
hölzernen Serviettenringen in
Tierform begonnen,
handgeschnitzt von Künstlern
in North Carolina. Solche
handgearbeiteten Sachen
auszusuchen und mit zu
verarbeiten macht nicht nur
viel Freude, sondern trägt
auch dazu bei, der Arbeit
neue Dimensionen zu geben.
Wandbehänge wie diese
eignen sich auch
hervorragend als
Verkaufsobjekte in
Boutiquen.

Peking

Eine weitere Möglichkeit ist, interessante alte Schmuckstücke mit Garnen zu kombinieren. Alte Peking-Glasperlen in zwei Größen, ein Armreifen und ein Ring wurden verwendet.
Dieser Wandbehang ist eines meiner Lieblingsstücke, weil es ein Abenteuer war, die Perlen unter einem Ladentisch versteckt in einem der alten Kellerläden von San Franziskos Chinatown zu finden. Zu diesem Zierat verwendete ich eine passende Garnfarbe – gelbes Leinen fünffach –, um die Perlen in dem von mir entworfenen Muster zur Geltung zu bringen. Das Werkstück wurde mit Umgekehrten Doppelschlägen auf dem kleinen Ring begonnen. Es folgten zwei Reihen Horizontale Doppelschläge, dann eine Reihe Kreuzknoten. Fünf kleine Perlen wurden eingefügt. Es wurde wieder geknüpft, bevor der Armreifen hinzugefügt wurde. Dann wurden alle Stränge mit einer Reihe Horizontaler Doppelschläge befestigt, und der oberste Teil des Wandbehangs war damit fertiggestellt. Bei der Fortsetzung der Arbeit wurden die Seiten und der Mittelteil jeder für sich interessant gestaltet. Auf der rechten und linken Seite wurden Perlen eingefügt, flankiert von Umgekehrten Doppelschlägen, die in Reihen von Horizontalen Doppelschlägen übergehen; diesen folgen Kreuzknoten und Überhandknoten, die alle in einem Abschnitt von Horizontalen Doppelschlägen enden. Der Mittelteil besteht aus Perlen in zwei verschiedenen Größen und schmalen Bändern aus Horizontalen Doppelschlägen.

Seiten- und Mittelteile wurden dann durch zwei Reihen Horizontaler Doppelschläge und einer kleinen Perle zusammengefügt, denen schmale, in Varianten des Horizontalen Doppelschlags gearbeitete Bänder folgten: Anschließend wurden Kreuzknoten und Überhandknoten geknüpft, geteilt durch Reihen von Horizontalen Doppelschlägen. Drei Abschnitte wurden wieder zu getrennten Teilen. In der Mitte sind schmale Bänder aus Horizontalen Doppelschlägen mit eingefügten Perlen, unterteilt von Kreuzknoten. An den Außenseiten wurden wechselnde und sich kreuzende Bänder aus Doppelschlägen in Winkeltechnik geknüpft. Dieser Abschnitt endet mit Kreuzknoten, Überhandknoten und kleinen Flächen von Horizontalen Doppelschlägen, danach mehrere Reihen weiterer Horizontaler Doppelschläge. Wieder teilt sich das Werkstück in drei Abschnitte. Doppelschläge, gewinkelt und gekreuzt, befinden sich an den Außenseiten, in der Mitte Kreuzknoten, Überhandknoten, Horizontale und Umgekehrte Doppelschläge sowie Perlen in zwei Größen.
Der folgende Abschnitt könnte als separater Wandbehang betrachtet werden. Reihen von Horizontalen Doppelschlägen, Kreuzknoten, Überhandknoten und gedrehten Halbknoten bilden den Rahmen für drei Reihen kleiner Perlen.
Der letzte Abschnitt ist wieder in drei Teile unterteilt. Die Außenflächen beginnen mit gekreuzten Bändern, es folgen Kreuzknoten und Überhandknoten in wechselnden Abschnitten.

20 cm × 1,38 m

Die Mitte besteht aus einer Rautenfläche aus Doppelkreuzknoten. Diese geht über in eine feste Fläche aus Horizontalen Doppelschlägen mit einer Perle in der Mitte. Der gesamte Teilabschnitt wird mit mehreren Reihen Horizontaler Doppelschläge zusammengehalten. Weiter unten bilden Seiten- und Mittelteile offene Flächen, geknüpft aus Doppelkreuzknoten und Kreuzknoten mit Überhandknoten. Außerdem wurden Reihen von Horizontalen Doppelschlägen gemacht. Die Seitenteile setzen sich fort in gekreuzten Flächen, unterteilt von Doppelkreuzknoten und horizontalen Doppelschlägen. Der Mittelteil geht von Kreuzknoten und Überhandknoten zu Horizontalen Doppelschlägen über mit dazwischengesetzten Perlen. Der Abschluß besteht aus Knotenbändern, geknüpft aus Kreuzknoten und gedrehten Halbknoten, nach dem gleichen Prinzip wie der Abschluß von »Amigo«, S. 102.

Rechts oben:
Ausschnitt aus dem Kopfstück von »Peking«, der zeigt, wie die Stränge auf einem kleinen Ring befestigt wurden. Beachten Sie die Übereinstimmung der Farben von Garn und Schmuckstücken.

Rechts unten:
Ausschnitt aus dem Mittelabschnitt. Beachten Sie die wechselnden und sich kreuzenden Bänder der in Winkeltechnik gearbeiteten Doppelschläge auf den Seitenflächen. Horizontale Doppelschläge verbinden diesen Abschnitt am Anfang und am Ende.

Aus der Sammlung Mrs. Glenn A. Stackhouse

ca. 24 cm × 82,5 cm

Empress

Picots, sichtbar plaziert in der oberen Hälfte des Mittelteils, bilden eine Art Schleifeneffekt in diesem majestätisch wirkenden Wandbehang. Ein weiteres dekoratives Element wurde mit den Knollen und einigen Picots, die an den Rändern erscheinen, hinzugefügt. Die verwendeten Garne sind gelbes Leinen und naturfarbene Seidenschnur. Der Wandbehang wurde begonnen mit dem Kopfstück 5 (siehe S. 34); der krönchenartige Effekt dient dazu, die Picot-Elemente einzuführen und hervorzuheben. Nachdem das Kopfstück geknüpft war, wurde es auf einem alten Teakholz-Eßstäbchen befestigt.

Der Mittelteil in naturfarbener Seidenschnur enthält außer einer Anzahl von Picots und Knöllchen noch Kreuzknoten, Überhandknoten und Umgekehrte Doppelschläge. Zusätzlich gibt es auch noch Winkelflächen aus Doppelschlägen. Die Seitenteile in gelbem Leinen werden beherrscht von gewinkelten Doppelschlägen, Kreuzknoten, Halbknoten, Überhandknoten und Knotenbändern aus Halbknoten, die sich in entgegengesetzter Richtung drehen.

In der unteren Hälfte des Wandbehangs sind die gelben Flächen und die weiße Fläche zwar farbmäßig voneinander getrennt, aber nicht im Muster. Der Anfang dieses Abschnitts ist ein gutes Beispiel für die Varianten, die durch das Winkeln des Doppelschlagknotens erreicht werden können. Wie bereits zuvor erwähnt wurde, ist der Halbschlag der praktischste Knoten für Variationen. Die hier verwendeten Knoten sind die gleichen wie in der oberen Hälfte des Wandbehangs, aber die Wirkung ist aufgrund der Musteranordnung völlig verschieden. Der obere Teil wurde so gearbeitet, als wären die einzelnen Abschnitte voneinander unabhängig, obgleich die Knoten ein durchgehend ähnliches Muster bilden, während die Knoten in der unteren Hälfte quer über die Reihen hindurchgearbeitet wurden, um eine Einheit zu bilden. Der Wandbehang cndet in Kreuzknotenbändern.

Vergrößerter Ausschnitt des oberen Teils (s. Abb. S. 108), der die dekorative Anwendung von Picots und Knöllchen zeigt.

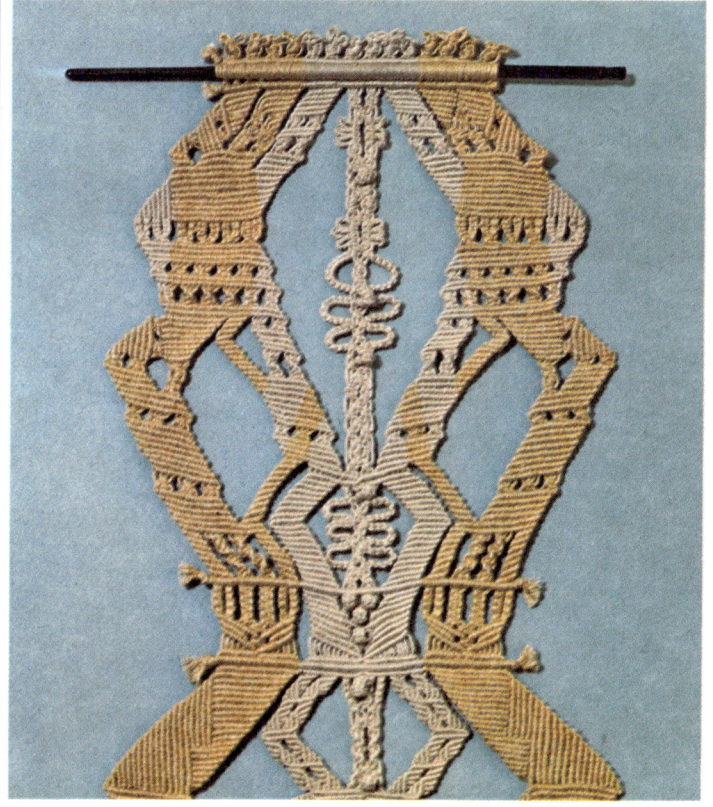

Aus der Sammlung der
Penland School of Crafts

15 cm × 87,5 cm

Sommersonne

Eine der bemerkenswerten Eigenarten dieses Wandbehangs ist die Entwicklung seiner Form von einem schmalen Kopfstück zu einer zunehmend breiten Arbeit. Durch die Zugabe von Extra-Strängen in der oberen Hälfte wird die allmähliche Verbreiterung erreicht. Diese Technik, die auch bei Gürtel 1 (S. 85) angewendet wurde, ist sehr praktisch, um in Makramee-Arbeiten kleine abgerundete oder spitz zulaufende Flächen zu bilden.

Die hier verwendeten Garne sind Teppichwolle und Leinen in verschiedenen Gelbtönen. Das Werkstück wurde auf einem Peking-Glasring begonnen, der bereits die Anzahl der Anfangsstränge begrenzte, die wirksam aufgesetzt werden konnten. In der oberen Hälfte wurden die Kanten in Wolle gearbeitet, die übrigen Flächen in Leinen. In die Leinenfläche wurden zusätzliche Stränge eingefügt, um mit der Verbreiterung des Werkstücks zu beginnen. Dann wurden auch zusätzliche Stränge in die Wollfläche eingefügt und mit Vertikalen Doppelschlägen neben Reihen von Horizontalen Doppelschlägen eingearbeitet. Als zusätzliches Strukturelement wurden hier und da Knöllchen dazwischengesetzt.

Die separaten Knotenbänder wurden aus Leinen, aus Wolle und aus einer Kombination der beiden Garne gearbeitet. Die gekreuzte Fläche besteht aus einer Kombination von Horizontalen Doppelschlägen und Knotenbändern sowie aus Mehrstrang-Kreuzknoten. Der Rest des Stücks wurde aus Varianten des Horizontalen Doppelschlags und Kreuzknoten geknüpft. Der Abschluß besteht aus Knotenbändern, von denen jedes aus einer Variante der verwendeten Knoten gemacht wurde.

Stately Mansion

Zwei deutlich erkennbare Musterelemente finden sich hier, und diese werden noch stärker betont durch die Reihen von Horizontalen Doppelschlägen, die dazu dienen, die beiden Musterflächen voneinander zu trennen. Die Winkeltechnik des Doppelschlagknotens (siehe S. 40–41) macht den Entwurf solcher ausgeprägten Stücke möglich und demonstriert deutlich, daß man in einer Makramee-Arbeit ebenso eine Idee zum Ausdruck bringen kann wie in einem Gemälde. Dieser Wandbehang wird hier vorgestellt als ein ausgezeichnetes Beispiel für die Anwendung dieses Knotens in einer seiner vielen Varianten.

Als Garne wurden zwei Arten von doppelt benutzter Seide, einzelner Wolle und doppeltem Leinen verwendet. Die Knoten waren der Doppelschlag in seinen vielen Varianten und der Kreuzknoten zur Herstellung der Knöllchen.

Das erste Musterteil im oberen Abschnitt des Behangs besteht vor allem aus drei Flächen mit Kreuzknoten-Knollen aus Wolle. Dazwischen gibt es Flächen aus gekreuzten Bändern, die mit Varianten des Horizontalen Doppelschlags geknüpft wurden. Die Kombination dieser zwei verschieden geknüpften Flächen ergibt einen starken Rauten-Effekt. Es sieht aus, als wäre das Knüpfwerk ineinander verflochten. Dieser Abschnitt ist vergrößert auf dem Foto auf der folgenden Seite zu sehen.

Anschließend an diesen Abschnitt wurden weitere gekreuzte Bänder gearbeitet und mit Reihen von Horizontalen Doppelschlägen zusammengehalten.

Der zweite Werkteil wurde auf eine völlig andere Art gearbeitet als die übrigen hier gezeigten Behänge. Die Ausschnittvergrößerung auf nebenstehender Seite zeigt unten deutlich die gedrehten Flächen dieses Musters. Indem man diesen gesamten Abschnitt mit Varianten des Horizontalen Doppelschlags knüpfte, war es möglich, das zu bilden, was drei verschiedenen Säulen gleicht – alle drei mit unterschiedlichen Drehungen gearbeitet. Bei der mittleren Säule wurden zwei Streifen separat geknüpft, dann gedreht und wieder weitergeknüpft mit in verschiedene Richtungen laufenden Horizontalen Doppelschlägen, bis sie zusammengeknotet wurden, um eine Säule zu bilden. Die beiden Seiten-Säulen wurden jeweils aus zwei verschieden großen Streifen gebildet. Jedes Streifenpaar wurde extra geknüpft, bis sie an einem Mittelpunkt zusammengefügt wurden. Sie wurden weitergearbeitet mit Diagonalen Doppelschlägen, bis sie sich am Anfang des nächsten Abschnitts mit der Mittelsäule trafen.

Weitere Flächen von gekreuzten Bändern wurden durch Knüpfen des Horizontalen Doppelschlags in einer Teil-Wiederholung des ersten Musterabschnitts erreicht. Anschließend folgt eine variierte Wiederholung des zweiten Musterteils. Jedes dieser beiden Muster könnte zur Herstellung eines kleineren Wandbehangs genommen werden oder Ausgangspunkt für Ihre eigenen Ideen sein.

ca. 19 cm × 105 cm

Ausschnitt aus dem oberen
Abschnitt von »Stately
Mansion«, der deutlich die
Winkeltechnik des
Doppelschlagknotens zeigt
(erklärt auf S. 40–41). Zur
Verstärkung der dekorativen
Wirkung sind hier und da
Knollen eingearbeitet.

Ausschnitt aus dem
Mittelteil, der zeigt, wie sechs
Bänder am Mittelpunkt
zusammengefügt wurden, um
drei Säulen zu bilden.
Beachten Sie die Drehung
der Mittelsäule.

115

ca. 10,5 cm × 122 cm

Weihnachtsglocken

Dieser fröhliche Festtags-Wandbehang wird mit voller Anleitung vorgestellt. Das hervorstechende Merkmal hier ist das Farbspiel der roten und grünen Bänder und der Kontrast zwischen den festgeknüpften Flächen und den offenen Zwischenräumen. Sowohl das Knüpfmuster als auch das Gesamtmuster wurden wegen der Farben einfach gehalten.

Material:
Rattenschwanz-Kunstseide 1. Rot, Grau und Moosgrün. 19 Messingglöckchen.

Stränge:
4 Stränge von jeder Farbe, jeweils 22 m lang (geschnitten)

Grundschnur:
gleichfalls verwendet als Knotenträgerschnur: 1 Strang in Grau – 45 cm lang

Knoten und Schlüssel:
Kreuzknoten = KK
Horizontaler, Diagonaler, Vertikaler und Umgekehrter Doppelschlag = HDS, DDS, VDS und UDS
Diagonaler Doppelschlag gekreuzt = DDSX

Anfang:
Machen Sie Kreuzknoten auf der Grundschnur (siehe Kopfstück 4, S. 30), und verwenden Sie dafür 8 rote, 8 graue und 8 grüne Stränge. Machen Sie 2 Reihen HDS. Machen Sie 1 Quer-Reihe von HDS in Rot, VDS in Grau und HDS in Grün. Machen Sie 1 Reihe HDS. Damit ist der Anfang des Werkstücks vollendet.

Anleitung:
Machen Sie 1 Reihe KK, lassen Sie zwei Stränge auf jeder Seite aus, und machen Sie eine weitere Reihe KK. Fahren Sie in dieser Weise fort, indem Sie jedesmal auf jeder Seite zwei Stränge auslassen, bis 1 KK übrigbleibt. Befestigen Sie an den Kernsträngen des letzten Knotens ein Glöckchen. Dieses vollendet das Dreieck aus Kreuzknoten. Nehmen Sie die ausgelassenen Stränge auf, und machen Sie damit 4 Reihen DDSX.
Machen Sie 1 Reihe KK.
Machen Sie 4 Reihen DDSX.
|: Befestigen Sie in der Mitte zwei Glöckchen an den Kernsträngen von Grün und Rot. Machen Sie 1 Reihe KK, 2 Reihen DDSX, und befestigen Sie ein Glöckchen an den beiden Strängen, die sich kreuzen. Machen Sie 2 Reihen DDSX. Machen Sie 1 Reihe KK.:|
8 Reihen DDSX
wiederholen Sie von |: bis :|
8 Reihen DDS
1 Reihe KK
4 Reihen DDS
wiederholen Sie von |: bis :|
8 Reihen DDSX
1 Reihe KK
4 Reihen DDS
1 Reihe KK
8 Reihen DDS
wiederholen Sie von |: bis :|
8 Reihen DDSX
1 Reihe KK
4 Reihen DDS
1 Reihe KK
4 Reihen DDS
1 Reihe KK
4 Reihen DDS
wiederholen Sie von |: bis :|
6 Reihen DDSX
1 Reihe KK
4 Reihen DDSX
1 Reihe KK
4 Reihen DDSX
1 Reihe KK
8 Reihen DDSX
wiederholen Sie von |: bis :|
4 Reihen DDSX
1 Reihe KK
8 Reihen DDSX

Abschluß:
Machen Sie die
Fransenkante, indem Sie
zunächst auf folgende Weise
von links bis zur Mitte
knüpfen:
  3 KK – rot
  1 KK – grau
  1 KK – grün
  2 KK – (2 rote und 2 graue
    Stränge)
  2 UDS – rot
  2 KK – (2 rote und 2 graue
    Stränge)
  2 KK – (2 graue und 2
    grüne Stränge)
  4 KK – jeder aus Rot, Grau
    und Grün
    2 UDS – rot
  2 KK – (2 rote und 2 graue
    Stränge)
  2 KK – (2 graue und 2
    grüne Stränge)
  4 KK – jeder aus Rot, Grau
    und Grün
    2 UDS – rot
  2 KK – (2 rote und 2 graue
    Stränge)
  2 KK – (2 graue und 2
    grüne Stränge)
  9 KK – rot
12 KK – grau
14 KK – grün
Beenden Sie die
Knotenbänder mit einem
Sammelknoten und schneiden
Sie die Enden gerade ab.
Beginnen Sie nach dieser
Anleitung die andere Seite,
und arbeiten Sie von rechts
bis zur Mitte.

Links oben:
Oberster Abschnitt. Beachten
Sie das Dreieck aus
Kreuzknoten und wie die
ausgelassenen Stränge zu
diagonalen Reihen von
Doppelschlägen verarbeitet
wurden.

Links unten:
Der Ausschnitt zeigt den
Farbwechsel von einer zur
anderen Seite und offene
Zwischenräume.

Fransenkante als Abschluß
des Stücks. Es wurde eine
Variante des Kreuzknotens
benutzt

ca. 21,5 cm × 117,5 cm

Cascade

Die Kombination von zwei Garnen völlig verschiedener Stärke und Beschaffenheit und der Reiz, der durch das Wechselspiel in einer solchen Kombination entsteht, bilden die hervorstechendsten Merkmale dieses Wandbehangs. Die Verwendung dieser Garne erzielt eine Wirkung, die sich stark von dem entfernt, was man gemeinhin von Makramee-Arbeiten erwartet, denn obgleich das Knotenmuster sehr ausgeprägt ist, ist man sich doch mehr der verwendeten Garne bewußt. Daher dient dieser Wandbehang dazu, die Wirkung zu demonstrieren, die Garne in einem fertigen Stück erzielen können.

Die verwendeten Garne waren 12/16 Leinen und schweres Woll-Vorgespinst. Zu Beginn des Werkstücks wurde das Woll-Vorgespinst mit Umgekehrten Doppelschlägen auf einer Hartholzleiste befestigt. In einer Reihe Vertikaler Doppelschläge wurde das Leinentau eingeführt, welches durch das gesamte Stück hindurch doppelt benutzt wurde. Dann wurde eine Reihe von Kreuzknoten mit dem Vorgespinst gemacht und zusätzliches Leinen mit einer Reihe Vertikaler Doppelschläge zugegeben. Es folgt eine weitere Reihe Kreuzknoten, und anschließend wurden neue Leinen-Stränge mittels Umgekehrtem Doppelschlag zwischen dem zweiten und dritten Kreuzknoten eingefügt.

Weiteres Leinen wurde auf einer Reihe von Horizontalen Doppelschlägen mittels Umgekehrtem Doppelschlag zugegeben. Von hier an

wurden Knollen gemacht, und die Woll- und Leinenflächen scheinen voneinander unabhängig zu sein.
Kreuzknoten wurden mit dem Leinen geknüpft, wobei das Vorgespinst als Kernstränge diente. Weitere Abschnitte wurden aus Leinen geknotet, dann Abschnitte aus Vorgespinst, und das Stück endet mit Leinen über Vorgespinst.

Vergrößerter Ausschnitt aus dem Mittelteil

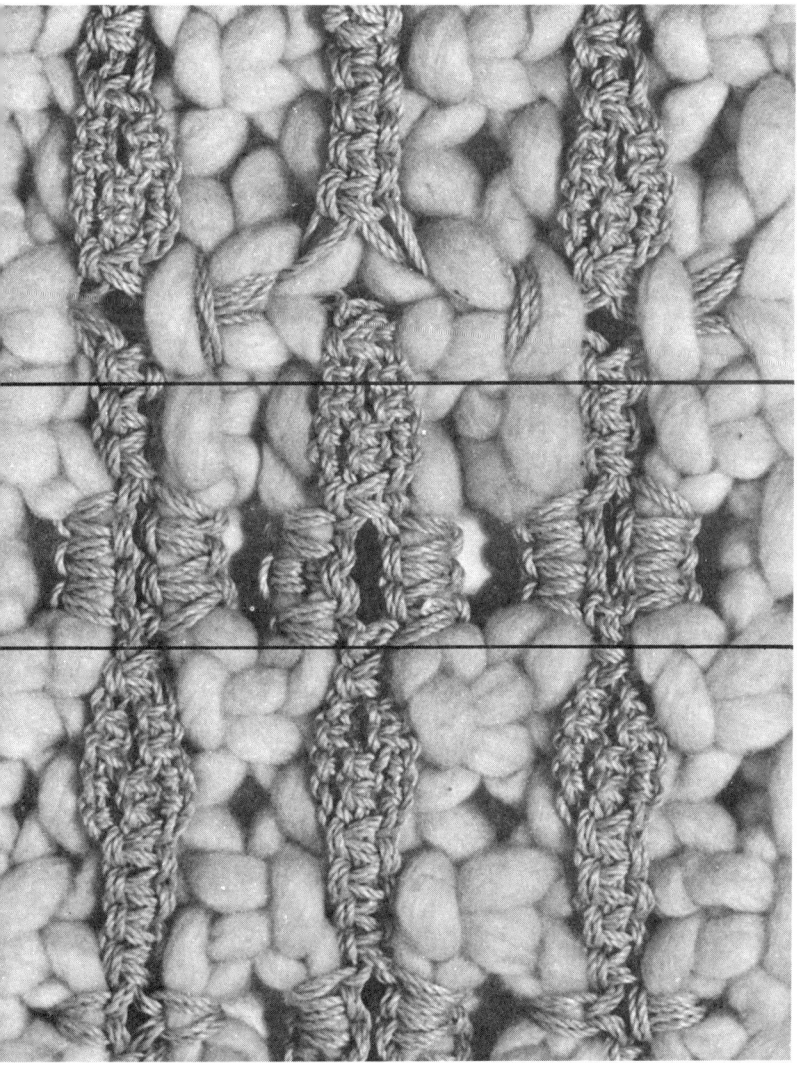

Knüpfmuster

In dem vergrößerten Ausschnitt eines Teilabschnitts des Wandbehangs werden bestimmte Flächen als A, B und C bezeichnet, damit Sie deutlicher den Verlauf der Knoten erkennen können. Abschnitt A zeigt die ausgeprägte Wechselwirkung, die zwischen den beiden Flächen von Leinen und Vorgespinst entwickelt wurde. In diesem Abschnitt kann man außerdem den Kreuzknoten in zwei verschiedene Richtungen geknüpft sehen, wobei der zweite eine Umkehrung des ersten ist.
Abschnitt B demonstriert ein Beispiel, wie der Kreuzknoten mit Leinen über das Vorgespinst geschlagen wurde, um einen Wickel-Effekt zu erzielen.
Abschnitt C zeigt Kreuzknoten-Flächen aus Leinen, die von der Wolle unabhängig gearbeitet wurden. Die Wollflächen sind so geknüpft, daß sie hinter das Leinen zurückfallen. Im weiteren Verlauf des Werkstücks werden Leinen und Wolle wieder zusammen verarbeitet.
Der Abschluß des Werkstücks wurde mit einer Reihe Horizontaler Doppelschläge, einer Reihe Vertikaler Doppelschläge in Vorgespinst, einer Reihe Vertikaler Doppelschläge in Leinen, dann einer Reihe Kreuzknoten in Vorgespinst, gefolgt von einer Reihe Vertikaler Doppelschläge in Leinen gemacht.
Für die Fransenkante wurde das Vorgespinst in Kreuzknotenbänder geknüpft. Das Leinen wurde dazu benutzt, Kreuzknoten unter Verwendung des Vorgespinstes als Kernstränge zu knüpfen.

ca. 14 cm × 90 cm

Nachtvogel

Die Vielseitigkeit des Horizontalen Doppelschlagknotens wird hier erneut demonstriert an einem anderen ausgeprägten Muster, das durch die Anwendung einer seiner Varianten erzielt wird. Der wichtigste und interessanteste Abschnitt dieses Wandbehangs ist eine weitere Abweichung von den Knüpfmustern der übrigen Wandbehänge, die bis hierher vorgestellt wurden. Das schuppenförmige Muster wurde erreicht durch Anwendung des Doppelschlags in Winkeltechnik und in abwechselnden Mustern. Ein weiteres Musterelement dieses Wandbehangs ist die Art, wie die Holzperlen dazu benutzt wurden, die Dreieck-Muster zu betonen. Da das vorliegende Muster sehr kompliziert war, wurde es einfarbig gearbeitet, so daß sich die Perlen, die etwas heller glänzen, deutlich abheben.

Das verwendete Material besteht aus Leinen und Holzperlen. Dieses Garn ist für einen Knüpf-Anfänger nicht zu empfehlen, da es leicht ausfasert und durchscheuert, aber wenn es vorsichtig gehandhabt wird, gibt es dem fertigen Stück ein prachtvolles Aussehen, das mit keinem anderen Garn zu erreichen wäre.

Es wurde ein Kopfstück 6 (siehe S. 42) gemacht und dann mit einer Reihe Horizontaler Doppelschläge auf eine Halteschnur aufgesetzt. Dann wurden die Stränge mittels Horizontaler Doppelschläge auf einem Holzstab befestigt. Als nächstes wurde eine Reihe von Horizontalen Doppelschlägen auf eine Grundschnur geschlagen, danach zwei Reihen Kreuzknoten im Wechsel geknüpft. Beim Knüpfen von Reihen Umgekehrter Doppelschläge wurden an jeder Seitenkante Picots gemacht. Die Mittelfläche wurde durch das Knüpfen von Kreuzknoten im Wechsel zu einem Dreieck geformt. Diese Dreiecksform wurde durch eine Einfassung von Holzperlen noch betont. Um diesen ersten Abschnitt zu vollenden, wurden dreifache und vierfache Kreuzknotenbänder gemacht. Diese wurden dann alle durch Reihen von Diagonalen Doppelschlägen miteinander verbunden und durch eine Reihe von Perlen unterstrichen. Dann wurde eine weitere, größere dreieckförmige Fläche gearbeitet, wieder mit Kreuzknoten.

Nun wurde das besonders bemerkenswerte Muster dieses Stücks geknüpft. Dabei wurden gewinkelte Doppelschläge hineingearbeitet, abwechselnd horizontal und vertikal, oftmals sogar beide in der gleichen Reihe. Dieses ergab dann das obenerwähnte schuppenförmige Muster. Der nächste Flächenabschnitt besteht aus wechselnden Doppelkreuzknoten (im Wechsel gearbeitet). Die Perlen wurden in das Knüpfwerk eingefügt, um ein weiteres Dreieck zu bilden.

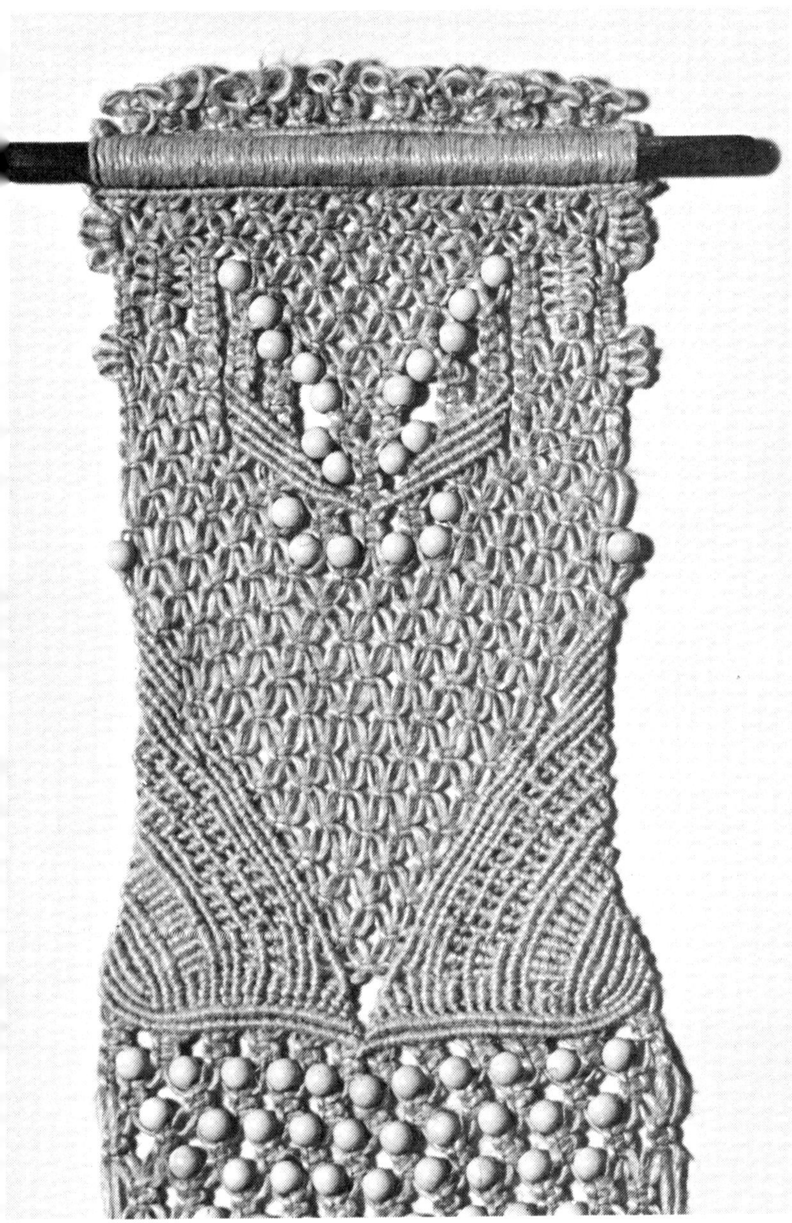

Das Ergebnis ist zum Teil illusorisch, da die Perlen nur oben und unten eingesetzt wurden.

Der Abschluß begann mit zwei Reihen von Horizontalen Doppelschlägen. Es folgte eine Reihe von Doppelkreuzknoten, und dann wurde eine gerade Reihe aus Perlen aufgesetzt. Danach folgten eine Reihe von Doppelkreuzknoten und drei Reihen Horizontaler Doppelschläge. Nun wurden Knotenbänder aus jeweils drei Doppelkreuzknoten gemacht. Die Stränge wurden lang und frei herabhängend gelassen, und nur in Abständen wurden Perlen hineingeknüpft. Zum Abschluß wurden die Strangenden geradegeschnitten.

Aus der Sammlung Paul Hodges Allen jr.

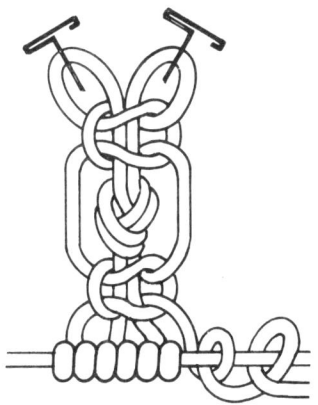

Oberster Abschnitt des Wandbehangs. Eine Reihe von Kopfstück 6 (siehe S. 42) wurde auf eine Halteschnur aufgesetzt. Dann wurden die Stränge auf einem Holzstab befestigt.

95 cm lang, 60 cm Umfang

Gazebo

Das Gehänge, das hier vorgestellt wird, ist kein Wandbehang, sondern eine runde, dreidimensionale, freihängende Form. Dieses Stück wurde ausgesucht, um den Abschnitt über Wandbehänge abzuschließen, weil damit wieder einmal der ungeheuer große Spielraum der Möglichkeiten dieses Kunsthandwerks demonstriert werden kann. Dieses Stück hat einen plastischen Gehalt, der teils auf seiner Form beruht und teils auf der Verwendung im Prinzip einfacher Knoten in kunstvoll ausgearbeiteten Mustern. Außerdem ist es freihängend, und das zusätzliche Element der Bewegung verleiht ihm noch einen besonderen Reiz. Die verwendeten Garne waren 12/16 Leinentau und 5/1 Leinen. Bei letzterem werden mehrere Stränge wie einer benutzt. Wegen der komplizierten Knüpfmuster wurden zwei helle, neutrale Farben gewählt und kleine, weiße Holzperlen dazugenommen, die mit dem Design harmonisieren. Die Anfangsstränge wurden an der Spitze zusammengebunden und von diesem Punkt an geknüpft (dies ist eine Abweichung von den konventionellen Methoden). Eine Grundschnur und eine Länge feinen Drahtes wurden gepaart und die Perlen daraufgeknotet. Die Steife des Drahtes und die Perlen bilden zusammen den Beginn der runden Form. Während das Knüpfwerk weiter vorangeht, wurden zusätzliche Leinenstränge aufgesetzt, so daß das Werkstück weiterhin an Breite zunehmen konnte. In dem gesamten oberen Teil wurden immer wieder Perlen und Drähte eingefügt, um die Form weiter zu entwickeln. Eine Anzahl von verschiedenen Knoten wurde in diesem Abschnitt verwendet. Knöllchen wurden oben an der Spitze hinzugefügt, die in Kreuzknoten-Flächen enden. Diese wiederum wurden mit zwei Reihen von Horizontalen Doppelschlägen abgeschlossen. Weitere Knotenflächen folgen, in denen Doppelschläge und Kreuzknoten abgewechselt werden. Wieder wurden Perlen auf die Reihen von Horizontalen Doppelschlägen gesetzt, die ihrerseits durch Kreuzknoten voneinander getrennt werden. Eine Gruppe von Kreuzknoten wurde unter Verwendung mehrerer Stränge gemacht, denen ein Abschnitt von Knotenbändern aus Halbknoten folgt, die mit Rechts- und Linksdrehungen gearbeitet wurden. Dieser gesamte Abschnitt ist auf dem Ausschnittfoto Seite 121 zu sehen. Dieser Teil wurde dann zusammengefaßt mit zwei Reihen Horizontaler Doppelschläge, die den kuppelförmigen oberen Teil des Werkstücks vervollständigen. Die nächsten zwei Flächenabschnitte sollten dem Entwurf entsprechend wieder enger werden; daher wurden hier keine Perlen und Drähte eingefügt. Innerhalb dieser Flächenabschnitte begann das Knüpfmuster mit Umgekehrten Doppelschlägen und Kreuzknoten, danach zwei Reihen Horizontaler Doppelschläge, die den ersten Teilabschnitt beenden. Der zweite Flächenabschnitt wurde in wechselnden Reihen von Kreuzknoten unter Verwendung von acht Strängen gearbeitet. Diese beiden Abschnitte sehen Sie auf der untenstehenden Abbildung.

Nach der Vollendung des schmaleren Abschnitts wurden weitere Perlen und Drähte auf Reihen von Horizontalen Doppelschlägen eingefügt, um die runde Formung aufrechtzuerhalten und dem Werkstück wieder eine größere Breite zu geben. Dieser breitere Abschnitt wurde ähnlich angelegt wie der kuppelförmige oberste Teil.

Der Abschluß des Werkstücks besteht aus Kreuzknotenbändern, Mehrstrang-Kreuzknoten und zusätzlichen Kreuzknotenbändern. Die Strangenden wurden dann frei herabhängend gelassen und nur in Abständen mit Perlen durchsetzt.

Rechts oben:
Ausschnitt aus dem kuppelförmigen obersten Abschnitt. Beachten Sie die Kreuzknotenbänder und die links-rechts und rechts-links Drehung der Halbknoten. Beachten Sie ebenfalls die Anordnung der Holzperlen.

Rechts unten:
Ausschnitt aus dem mittleren, verengten Abschnitt. Beachten Sie die im Wechsel gearbeiteten Kreuzknotenbänder sowie die in wechselnden Reihen mit acht Strängen geknüpften Kreuzknoten. Diese Flächenabschnitte werden durch zwei Reihen Horizontaler Doppelschläge voneinander getrennt.

Index

Im Hörnemann
Verlag, Bonn
sind in gleicher
Ausstattung und
zum gleichen Preis
erschienen:

Judith Glassmann
Arbeiten
mit Perlen
Eine vollständige
Einführung
128 Seiten
mit 43 farbigen,
41 schwarzweißen
Abbildungen und
35 Zeichnungen

Jolyon Hofsted
Töpfern
Schritt für Schritt
Eine vollständige
Einführung
128 Seiten
mit 35 farbigen,
233 schwarzweißen
Abbildungen und
17 Zeichnungen

Mary Walker Phillips
Stricken
Eine vollständige
Einführung
in die Stricktechnik
128 Seiten
mit 41 farbigen,
44 schwarzweißen
Abbildungen und
100 Zeichnungen

Nell Znamierowski
Teppiche
selbermachen
Eine vollständige
Einführung in die
Teppichherstellung
128 Seiten
mit 63 farbigen,
47 schwarzweißen
Abbildungen und
100 Zeichnungen

William Harper
Emaillieren
Eine vollständige
Einführung
128 Seiten
mit 45 farbigen,
64 schwarzweißen
Abbildungen und
40 Zeichnungen

Eunice Svinicki
Spinnen
und Färben
Eine vollständige
Einführung
128 Seiten
mit 40 farbigen,
63 schwarzweißen
Abbildungen und
37 Zeichnungen

Marjorie
und William Snow
Brettchenweben
Eine vollständige
Einführung
128 Seiten
mit 51 farbigen,
94 schwarzweißen
Abbildungen
und
54 Zeichnungen

Mary Carey
Kerzengießen
Eine vollständige
Einführung
128 Seiten
mit 34 farbigen
und 47
schwarzweißen
Abbildungen

Emily Wildman
Häkeln
Eine vollständige
Einführung
128 Seiten
mit 40 farbigen
und 73
schwarzweißen
Abbildungen und
120 Zeichnungen